세계를 누빈 우리 조상들

다문화
한국사

②

세계를 누빈 우리 조상들

다문화
한국사

김용만 지음

살림Friends

머리말

세계와 함께한 우리 역사

현대를 '글로벌 시대'라고 합니다. 국가의 경계에 가로막혀 외국인을 만나 보지도 못하고 살던 시대에서 벗어나 전 세계가 하나의 마을, 즉 지구촌을 형성하고 서로 왕래하며 살아가는 시대로 변한 것입니다. 전 세계 사람들은 각기 자신의 조국이 있지만 조국을 넘어 다른 나라를 넘나들며 살아가는 사람들이 빠르게 늘어나고 있습니다. 외국으로 이민을 가거나 유학을 가거나 취업을 하거나 여행을 하는 일은 흔한 일이 되어 버렸습니다. 길거리에 나가면 다양한 나라에서 온 외국인을 쉽게 만날 수 있게 되었습니다. 미래에는 지금보다 외국과의 교류가 더욱 많아질 것이고, 외국에 나가서 활동하는 일이 보다 흔해질 것입니다. 또한 더 많은 외국인들이 우리나라를 찾아올 것입니다.

때문에 이제는 한국인이라는 범위, 한국의 역사라는 범위가 매우 애매해지고 있습니다. 한민족은 단일 민족이고, 우리 역사는 단일 민족의 역사라고 생각해 왔지만, 현재 외국에서 귀화한 사람이 10만 명을 넘으며 매년 1만 명이 넘는 외국인들이 한국인이 되고자 귀화 시험을 치릅니다. 반대로 외국으로 이민을 가서 외국에서 삶을 마치는 사람들도 많아지고 있습니다. 국경을 넘나들며 살아가는 지금, 어디까지가 한민족이고 어디까지가 한국사인지 명확하게 선을 그을 수 없는 시대가 되었습니다.

박찬호, 박지성 선수의 경우 분명 한국에서 태어나고 한국을 대표하는 국가대표 선수로 활약했지만 그들이 미국 메이저리그나 영국 프리미어리그에서 활약한 내용은 미국과 영국 스포츠 역사에 분명히 기록될 것입니다. 또한 우리나라에서도 박찬호, 박지성이 해외에서 활약한 사실을 우리나라 스포츠 역사의 한 줄로 기록할 것입니다. 이와 같은 예는 과거에도 많이 있습니다.

958년 우리나라 최초의 과거제도를 실시하도록 건의한 이는 **후주(後周)*** 출신의 쌍기(雙冀)로 고려에 귀화한 사람이었습니다. 반면 왕인(王仁) 박사는 백제인이었지만 왜국에 건너가 학문을 가르쳐 일본 학문의 시조로 불리고 있습니다. 쌍기는 중국보다 우리나라에서, 왕인 박사는 우리나라보다 일본에서 더 중요한 인물로 평가받고 있습니다.

이처럼 우리 역사에는 외국에서 우리나라로 찾아와 한국사를 발전시키고 변화시킨 사람들도 많았고, 외국에 나가서 활동하다가 돌아와 우리 역사에 활기를 불어넣어 주거나 외국에 남아 그 나라의 발전에 도움을 준 사람들이 많았습니다. 필자는 이들의 이야기를 모두 포함한 한국사를 '다문화 한국사'라고 부르고자 합니다. 한국사를 순수한 한국인의 역사로만 국

■ 후주 중국 5대(五代) 최후의 왕조(951~960).

한시키거나, 우리 역사 속 영토 안에서만 벌어진 사건으로 한정하는 것은 옳지 못하다고 봅니다.

일본 고대사에는 '도래인(渡來人)'이라는 특별한 표현이 있습니다. 바다를 건너 일본 열도에 도착한 사람들을 일컫는 말인데, 주로 한반도에서 건너간 우리 조상들을 가리킵니다. 우리는 일본 사람들이 도래인이란 말을 쓰면서 고대 일본 역사에 끼친 우리 조상들의 역할을 축소하는 것이 아니냐고 비판하기도 합니다. 고대 일본사에 한국인이 끼친 큰 영향을 일본 사람들은 쉽게 인정하려 들지 않는 것이 사실입니다.

그럼 반대로 생각해 볼까요? 우리는 우리 역사에서 외국의 영향이 컸다는 사실을 기꺼이 받아들이고 있나요? 남해안 곳곳에서 발견되는 고대 일본인의 흔적, 한국 문화 깊숙이 퍼져 있는 중국의 영향, 원나라 지배 시기 우리 문화를 바꾸어 버린 몽골의 영향 등등. 외래문화가 우리 역사에 매우 큰 영향을 끼쳤다는 것은 곧 우리 문화의 수준이 낮았다거나, 우리는 남의 영향을 받지 않고는 스스로 발전하지 못한 나라라는 뜻이 결코 아닙니다. 과거 일본이 우리나라를 지배했을 때 잘못된 식민사관을 퍼뜨리며, 우리나라는 스스로 자립하지 못하는 타율적인 나라라고 가르쳤습니다. 때문에 식민사관을 극복하는 과정에서 우리는 우리 역사의 독립성, 자율성을 강조해 왔습니다. 그러다 보니 우리 역사에 끼친 외국의 영향에 대해 소홀히 하거나 외면하려고 했던 것이 사실입니다.

그런데 곰곰이 세계 역사를 돌이켜 보면 주변 세계의 영향을 받지 않고 발전한 나라는 단 하나도 없습니다. 외부의 영향 없이 홀로 존재한 나라들은 오랜 세월 발전하지 못했습니다. 유럽이나 중앙아시아 지역의 역사는 너무도 많은 종족들이 서로 섞이면서 다양한 역사가 전개되었습니다. 단일한 민족이 단일한 문화를 이루며 발전했다는 것은 극히 예외적인 것입니다. 오늘날 세계 최강대국인 미국은 전 세계에서 이민을 온 다양한 사람들로 이루어져 마치 인종 전시장과도 같습니다. 미국의 힘은 다양한 문화를 가진 사람들이 지혜와 힘을 모은 것에서 비롯된 것입니다.

우리 역사도 마찬가지로, 외국에서 온 다양한 사람들에 의해 새로운 문화와 기술이 도입되어 우리 역사가 보다 발전했던 것입니다. 외국에서 온 것을 흡수하여 새롭게 문화를 창조하고 가장 한국적인 것으로 만들어 낸 능력이 곧 우리 역사의 힘입니다. 외국인들이 우리 역사에 영향을 끼친 것을 제대로 알아야 우리가 외국에 영향을 준 것도 제대로 알 수 있을 것입니다. 지금 우리는 열린 시대, 다문화 시대에 살고 있습니다. 조선 말기에 외국인들을 혐오하고 배척하다가 시대의 흐름에 뒤처졌던 경험을 다시는 하지 말아야 할 것입니다.

우리 조상들은 외국에 나가 어떤 만남을 가졌고, 어떤 일을 했으며, 무엇을 배워 와서 우리 역사를 바꾼 것일까요? 또 어떤 외국인들이 우리나라에 무슨 이유로 와서 어떻게 한국사를 변화시켰던 것일까요? 필자는 우리 역사를 보다 풍요롭게 이해하기 위해 『다문화 한국사 1-우리 역사를 바꾼 세계인들』, 『다문화 한국사 2-세계를 누빈 우리 조상들』, 두 권의 책을 집필하게 되었습니다. 닫힌 세계가 아닌 열린 세계에 사는 우리들이 역사를 올바로 이해하는 데 이 책이 작은 도움이 되었으면 합니다.

저자 김용만

현재 외국에 나가 사는 우리 교민의 숫자는 약 600~700만 명으로 7,000만 남북한 인구의 약 10%에 해당됩니다. 일제강점기에 독립 투쟁, 간도 개척, 강제 이주로 인한 교민들의 숫자가 많지만 최근에는 학업이나 취업 문제로 외국에 나갔다가 그곳에서 정착하는 사람들도 늘어나고 있습니다.

그런데 교민은 최근에만 생긴 것이 아닙니다. 먼 옛날부터 전쟁 포로로 외국에 강제로 끌려가 살게 된 사람도 있었고, 자발적으로 외국에 가서 자신의 새로운 운명을 개척한 사람들도 있습니다. 이들 가운데 역사에 뚜렷한 기록을 남긴 이들도 있습니다.

전쟁 포로의 후손으로 그들 나라에서 왕이 되거나 외국으로 건너간 지 얼마 되지 않아 그 나라의 최고 권력자가 되기도 했으며 심지어 외국에서 나라를 세우기까지 했습니다. 또 외국에서 존경받는 스승으로 섬겨졌는가 하면 전설이 된 인물도 있습니다. 다른 나라로 떠났던 우리 선조들이 어떻게 활약했는지 지금부터 알아보겠습니다.

제1부

외국에 나가
성공한 사람들

포로의 후손으로
왕위까지 오른 고운

서기 342년 고구려는 수십 년간 치열하게 전쟁을 해 오던 **모용선비***(慕容鮮卑)족으로부터 대대적인 침략을 받게 되었습니다. 고구려 서쪽인 요서 지역에서 세력을 키운 이들은 군대 5만 5,000명을 내어 두 갈래 길로 쳐들어왔습니다. 모용선비가 고구려 수도를 공격하기 위해 올 수 있는 길은 넓고 평탄한 북도 그리고 좁고 험한 남도, 2개의 길이 있었습니다. 고구려 제16대 **고국원왕**(故國原王, ?~371)*은 적의 대군이 넓고 평탄한 북도로 올 줄 알고 자신은 약한 병사를 거느리고 남도를 방어하기 위해 출전하

모용선비 선비족은 만주의 남쪽 지방에서부터 몽골 지역까지 걸쳐 살았던 유목 민족이다. 삼국 시대에 모용씨(慕容氏) · 우문씨(宇文氏) · 탁발씨(拓跋氏) 등으로 분열되었는데 모용선비는 그중 하나이다.

고국원왕 고구려 제16대 왕이다. 모용황의 공격을 받아 수도를 버리고 피신하는 수모를 겪었다. 이때 미천왕(美川王, ?~331)의 시신을 빼앗기고 주씨 태후를 비롯한 5만 명의 백성들이 포로로 잡혀 갔다. 343년 미천왕의 시신을, 355년에 주씨 태후를 되찾았다.

고, 아우에게는 강한 군사 5만으로 북도를 방어하라고 시켰습니다. 그런데 모용선비는 이러한 고구려의 예상을 깨고 남쪽 길로 그들의 왕인 모용황(慕容皝, 297~348)이 직접 지휘하는 4만 군대가, 북쪽 길로 나머지 1만 5,000 군사가 각각 진격해 왔습니다.

결국 북도에서는 고구려군이 큰 승리를 거두었지만 남도에서는 고구려군이 크게 패하고 말았습니다. 남도에서 패한 고국원왕은 남은 군사를 모아 도망쳐, 북도에서 승리한 고구려군을 기다렸습니다. 한편 모용황은 군사를 이끌고 고구려 수도를 함락하고 고국원왕의 아버지 미천왕(美川王, ?~331)*의 시신과 왕의 어머니인 태후를 포함한 5만여 명의 포로를 잡고 궁궐을 불태웠습니다. 그들은 고구려군의 반격이 무서워 군대를 철수했지만 고구려는 미천왕의 시신, 태후 등이 잡혀 있기 때문에 반격을 하지 못했습니다. 이후 고구려는 미천왕의 시신과 태후를 돌려받기 위해 많은 물자를 모용선비에게 바쳐야만 했습니다.

모용선비에게 잡혀간 고구려 포로 가운데 고구려 왕족 출신의 고화(高和)라는 사람이 있었습니다. 그의 아들 고발(高拔)에게는 3명의 아들이 있었습니다. 고발의 막내가 바로 고운(高雲, ?~409)이란 사람입니다. 고운은 생각이 깊고 사람을 잘 포용하며 일을 처리하는 능력도 뛰어났습니다. 하지만 말이 적어 사람들로부터 바보 같다는 말을 듣기도 했습니다.

고운은 모용선비족이 세운 후연(後燕)의 태자 모용보(慕容寶)가 머무는 동궁의 무예급사(武藝給事)라는 벼슬을 하며 지냈습니다. 이때 모용보

미천왕 고구려 제15대 왕이다. 재위 기간 동안 낙랑(樂浪)과 대방(帶方)을 공격하여 그 땅을 차지하는 등 강력한 군사력을 바탕으로 영토 확장에 힘썼다. 요동 지역을 차지하기 위해 모용부를 공격했으나 실패하였다.

가 무예에 뛰어난 그를 건위장군(建威將軍)에 임명하고, 자신의 양자로 삼아 모용씨라는 성씨도 주었습니다. 그래서 그는 모용운(慕容雲)으로 불리게 되었습니다. 모용보가 후연의 2대 왕이 되자 고운도 지위가 높아졌습니다. 그런데 후연은 서쪽에서는 북위(北魏), 동쪽에서는 고구려의 공격을 받아 점점 나라가 위태로워졌습니다. 그럼에도 불구하고 후연의 4대 왕 모용희(慕容熙)는 왕후를 위해 큰 건물을 짓는 등 사치를 부리며 백성을 돌보지 않아 사람들의 불만이 커져 갔습니다.

그런데 407년 7월 왕후의 장례식이 있던 날, 모용희에게 죄를 지어 죽임을 당할 위기에 처했던 중위장군 풍발(馮跋, ?~430)이란 자가 반란을 일으켰습니다. 반란은 성공하였고 모용희는 도망치다가 숲 속에서 붙잡혔습니다. 후연은 모용선비족이 왕을 배출하고 권력을 쥐고 있었지만 백성들 가운데는 한족(漢族)이 많았습니다. 풍발 역시 한족이지만 자신이 왕위에 오르면 반대할 사람이 많다고 여겼습니다. 그는 친구로 지내던 고운을 왕으로 추대했습니다.

고운은 처음에는 풍발의 요청을 거절했으나 여러 귀족들이 왕위에 오를 것을 권하자 결국 왕이 되기로 결심했습니다. 고운은 국호를 대연[大燕: 북연(北燕)이라고도 불림]으로 바꾸어 후연과는 다른 나라임을 선언했습니다. 또한 자신의 성씨를 고(高)씨로 고쳐 부르게 함으로써 자신이 고구려 후손임을 과시했습니다. 모용희를 처벌한 고운은 자신을 왕으로 만든 풍발에게 북연의 군사를 지휘할 권한을 주는 등 최고의 직위를 주었습니다. 또한 풍발의 친인척인 풍만니, 풍소불, 풍홍 등에게도 중요한 벼슬을 주었습니다. 실질적인 권력은 모두 풍발이 쥐고 있었고 사실 고운은 이름뿐인 왕에 불과했습니다.

후연에는 고운과 마찬가지로 포로로 잡혀 온 고구려와 부여 출신 사람이 꽤 많이 살았습니다. 하지만 이들의 숫자는 전체 인구에서 얼마 되지 않았습니다. 그렇다면 지지 세력도 적은 그가 왜 왕위에 올랐던 것일까요? 그것은 407년 무렵 후연이 고구려 광개토태왕(廣開土太王, 374~412)*의 공격을 받아 멸망의 위기에 놓였기 때문이었습니다. 그래서 고구려의 공격을 막고자 그를 왕으로 내세웠던 것입니다.

고구려에서는 그가 북연의 왕이 되자 사신을 파견하여 그를 고구려의 왕족과 같은 자, 즉 제후왕(諸侯王)으로 인정했습니다. 그 결과 북연은 멸망하지 않고 435년까지 나라를 유지할 수 있었습니다.

고운은 왕이 되었지만 실제 권력은 풍발이 쥐고 있음을 잘 알았습니다. 그래서 힘센 장사들을 자신의 옆에 두고 스스로를 지키고자 했습니다. 고운은

중국 지린성 지방에 위치한 광개토태왕릉비(廣開土太王陵碑)의 탁본. 광개토태왕릉비에는 고구려의 건국 과정과 정복 사업이 기록되어 있으며 당시 고구려가 동아시아 최강국임을 증명하는 소중한 자료이기도 하다.

광개토태왕 고구려 제19대 왕이다. 재위 기간 동안 백제를 공격해 한강 이북 지역을 차지하였다. 뿐만 아니라 신라에 침입한 왜구를 무찌르며 신라와의 국경을 재조정하였고, 동부여를 제압하며 요동, 만주 지역을 평정하는 등 고구려의 영토를 남북으로 크게 넓혀 고구려의 전성기를 이끌었다.

이반과 도인, 두 사람에게 친위대를 이끌게 하고 자신과 같은 옷, 음식, 많은 재물을 선사하는 대접을 해 주었습니다. 고운은 모여량(慕輿良)의 반란을 진압하는 등 왕권을 강화하기 위해 애를 썼습니다. 하지만 고운은 민는 도끼에 발등이 찍히고 말았습니다. 409년 9월에 이반과 도인이 아뢸 것이 있다면서 칼을 종이에 싸서 숨기고 궁궐로 그를 찾아왔습니다. 이반이 먼저 검을 빼어 내리치자 고운은 책상으로 막았지만 곧이어 옆에 있던 도인이 다가가 그를 시해했습니다. 이때 풍발은 대궐의 문 위에 올라 사태를 지켜보다가 부하들을 시켜 이반과 도인을 죽여 버렸습니다. 사실상 풍발이 두 사람을 시켜 고운을 죽인 것이나 마찬가지였습니다. 고운이 왕위에 오른 지 불과 2년 2개월 만의 사건이었습니다. 결국 풍발이 왕위에 올라 430년까지 북연을 다스리게 되었습니다. 풍발은 자신의 동생을 고구려에 포로로 보내며 여전히 고구려와 좋은 관계를 유지했습니다. 고구려로서도 허수아비 왕보다는 힘센 풍발이 북연의 왕이 되어 고구려 서쪽 국경을 안정시키는 것이 좋다고 판단했던 것인지, 북연의 왕위 교체에 간여하지 않았습니다.

비록 고운은 허수아비 왕이었지만 고구려 출신으로 다른 나라의 왕이 된 최초의 인물이라고 할 수 있습니다. 그는 고구려 출신이었기에 왕위에 오를 수 있었습니다. 요즘과 마찬가지로 외국에 나가 살더라도 자기 조국의 힘이 강해야 개인도 잘될 수 있었던 것입니다. 만약 고운의 모국인 고구려가 약했더라면 그는 결코 왕이 되지 못했을 것입니다.

고구려인이 된 북연 사람들

435년 북연은 북중국에서 새롭게 강자로 떠오른 북위의 침략을 받아 수도가 함락될 위기에 처했습니다. 그러자 북연 왕 풍홍은 고구려 장수왕(長壽王, 394~491)에게 구원을 요청하게 됩니다.

장수왕은 곧장 장군 갈로맹광(葛盧孟光)에게 명령을 내렸고 그는 수만 명의 군사를 이끌고 북연의 수도 용성에 가서 북연의 왕과 귀족, 백성들을 데리고 고구려로 향했습니다. 이때 북위 군대는 고구려군이 북연의 백성들을 데리고 가는 것을 보고도 두려워서 감히 공격하지 못했습니다. 이 사건으로 북연에 살던 많은 사람들이 고구려로 와서 고구려인이 되었습니다. 고구려의 영향력이 북연에까지 강력히 미쳤던 것입니다.

북연의 수도였던 중국 조양시(朝陽市)에 위치한 북탑의 모습. 조양은 동아시아의 중요한 요충지로 여러 나라의 수도가 되었던 곳이다.

부여의 후예, 여암

후연에서 살던 사람들 가운데에는 부여(夫餘) 출신도 있었습니다. 부여는 고구려와 백제의 어머니 나라, 우리 역사에 고조선 다음으로 등장한 나라입니다. 한때는 만주 벌판을 호령하던 큰 나라였고 초기에는 고구려도 부여에게 머리를 숙여야 할 정도로 힘이 강했던 나라입니다. 서기 3세기까지 독화살을 쏘는 사나운 숙신족(肅慎族: 말갈족이라고도 함)도 굴복시켰던 부여였지만, 285년 서쪽에서 빠르게 성장한 모용선비족의 공격을 받아 수도가 함락되는 큰 위기에 빠지기도 했습니다. 또한 346년 다시 침략을 받아 많은 사람이 포로로 잡히고 왕은 동쪽으로 피난을 가는 등 거의 멸망할 뻔했습니다. 부여는 다시 나라를 부흥시켰지만 힘이 매우 약해졌고 결국 494년 고구려에게 항복해 약 700년의 역사를 마감합니다.

모용선비의 침략을 받아 포로로 잡혀 온 부여인들은 모용선비족이 세운 전연(前燕)에서 살다가, 전연을 물리친 전진(前秦)의 지배하에서 살기도 했습니다. 부여 출신 여울(餘蔚)은 전진에서 형양태수를 지낸 후 정동장군 겸 통부좌사마라는 높은 지위에 올라 많은 군사를 지휘하기도 했습니다. 여울은 후연에서 부여 왕으로 봉해지고, 태부라는 가장 높은 직위에 임명되기도 합니다. 중견장군이 된 여숭(餘崇, ?~398), 산기상시라는 직위에 오른 여초(餘超)를 비롯해 부여 출신 가운데는 후연에서 높은 벼슬을 받은 사람들이 많았습니다.

이들 가운데 후연의 건절장군이 된 여암(餘巖)은 385년 7월 기주 무읍이란 곳에서 반란을 일으켜 오늘날 베이징 부근인 영지라는 곳에서 주둔하며 한동안 후연에 저항하게 됩니다. 여암은 지금의 베이징 주변의 넓은 영토를 점령했습니다. 하지만 그해 11월 그는 3만의 군사를 거느린 후연의 장수 모용농(慕容農)에게 격파되어 죽고 말았습니다. 여암은 부여의 부활을 꿈꾼 것이 아니었을까요? 비록 포로로 남의 나라에 끌려가 살았지만 그곳에서 높은 벼슬에 오르며 저마다 열심히 살았던 사람들이 있었던 것입니다.

북위의 권력자가 된 고조

대체로 외국인이 다른 나라에서 성공하기란 결코 쉬운 일이 아닙니다. 특히 외국인으로서 다른 나라에 가서 그 나라의 권력자가 되는 경우는 흔치 않은 일입니다. 그런데 고구려 출신으로서 북중국의 강대국인 북위에 가서 왕의 외삼촌이 되고 북위 최고의 권력자가 된 사람이 있습니다. 이를 비유하자면, 현재 우리나라 사람이 일본으로 건너가 몇 년 만에 총리가 된 것과 같은 일이 고구려 시대에 벌어진 것입니다.

고구려 20대 장수태왕 시기에 고조(高肇, ?~515)라는 사람이 살았습니다. 그의 아버지 고양(高颺)은 고조를 비롯한 4남 3녀를 모두 고구려 땅에서 낳아 살고 있었습니다. 그런데 고조가 아버지 고양을 모시고 동생 고승신(高乘信), 고현(高顯), 뒷날 문소왕후(文昭王后)가 되는 여동생 그리고 같은 고향에 살던 이웃인 한내(韓內), 기부(冀富) 등과 함께 470년경 북위로 이주해 갔습니다. 고조의 가족들이 북위로 간 이유는 명확히 알 수 없지만 장수태왕이 자신에게 반대하는 귀족들 다수를 제거하거나 쫓아낸 일이 있었는데 이 일과 관련되었을 가능성이 있습니다.

　북위는 척발선비족(拓跋鮮卑族)이 세운 나라로, 황하 주변의 북중국을 통일하여 당시 동아시아에서 가장 많은 인구를 자랑하는 큰 나라였습니다. 고구려와는 대체로 사이가 나빴지만 서로 견제할 뿐 전쟁을 하지는 않았습니다. 인구의 다수는 한족이고 지배층은 척발선비족이기 때문에, 고구려 출신이 이곳에서 출세를 하기 위해서는 뛰어난 능력을 가져야만 했습니다. 북위는 남중국의 송(宋)나라*, 북쪽 초원 지대의 유연(柔然) 그리고 동쪽의 고구려 등과 경쟁해야 했기 때문에 인구를 늘리고 능력 있는 자를 우대해 주고 외국에서 이주해 온 사람들을 잘 대접해 주었습니다. 따라서 고구려 귀족 출신인 고조에게도 려위장군(厲威將軍), 고조의 동생인 고승신에게는 명위장군(明威將軍)이란 벼슬을 주었습니다. 또 노비와 소, 말, 비단을 주면서 북위에서 정착해 살라고 붙잡았습니다.

　고조가 처음 북위에 갔을 때에는 큰 힘을 갖지 못했습니다. 그런데 그의 여동생이 북위의 효문제(孝文帝, 467~499)와 결혼한 것이 그의 인생을 바꾸어 놓았습니다. 게다가 문소왕후는 아들 원각(元恪, 483~515)을 낳았습니다. 효문제가 문소왕후와 결혼을 할 수 있었던 것은 그녀가 고구려 출신이기 때문입니다. 효문제는 당시 강대한 고구려와 친하게 지내기 위해 고구려 여인을 택해 결혼을 한 것이었습니다. 효문제는 491년 고구려 장수

송(宋)나라 420년 유유(劉裕)라는 인물이 세운 나라로, 지금의 난징에 도읍하여 479년까지 존속했다. 북위와 잦은 전쟁을 치렀고 백제, 고구려와 우호적인 관계를 맺었다.

북위의 대표 유적인 운강 석굴은 고대 동아시아 국가 간에 문화적 교류가 있었음을 보여 준다. 또한 중국 3대 석굴 사원 중 하나이자 2001년 유네스코 세계문화유산으로 등재되었을 만큼 빼어난 역사적 · 예술적 가치를 지닌 유적이다.

태왕이 죽자 장수태왕을 위해 상복을 입고 동쪽 교외에 나가 애도하는 의식을 거행했습니다. 북위의 황제가 고구려 태왕을 위해 이런 의식을 치른 것은 고구려가 문소왕후의 부모 나라였고 강대한 나라였기 때문입니다.

499년 효문제가 죽자 원각이 북위 8대 왕인 선무제(宣武帝)가 되었습니다. 선무제는 궁궐에서 자라나 왕이 될 때까지 외삼촌 고조를 만나지 못했습니다. 선무제는 외삼촌인 고조와 고현을 궁궐로 불렀습니다. 고조는 자신의 조카가 북위의 황제가 되어 자신을 부른다는 소식을 듣고 눈물을 흘렸습니다.

"두 분 삼촌께서는 저를 도와주십시오. 저는 외롭습니다. 제가 나라를 잘 다스릴 수 있도록 도와주시고 힘이 되어 주십시오."

"저의 몸과 마음을 바쳐 충성을 다하겠습니다. 이렇게 저희들을 잊지 않고 불러 주시니 이 은혜를 잊지 않겠습니다."

선무제는 고조에게 평원군공(平原郡公), 고현에게는 징성군공(澄城郡公)이란 벼슬을 주었습니다. 고현은 고구려대중정(高句麗大中正)이란 벼슬을 받았는데, 이는 고구려 출신의 인재들을 추천하여 벼슬길에 나가도록 하는 자리였습니다. 당시 북위에는 고구려에서 건너온 사람들이 많았습니다. 이들은 황제의 외삼촌인 고조를 중심으로 뭉치기 시작했습니다. 고조는 선무제의 고모인 상평 공주와 혼인하고 상서령(尙書令)이라는, 재상에 해당되는 높은 관직도 받았습니다. 하지만 고조에게는 벼슬이 올라가면서 어려움도 있었습니다. 그가 외국 출신이라고 기존의 관료들이 그를 존경하지 않았기 때문입니다. 하지만 고조는 열심히 일해 유능한 인물이라는 평을 받게 되었습니다.

북위에는 황제 아래에 작은 지역을 다스리는 왕들이 있었는데, 이들은 대개 왕의 친척들로 큰 힘을 가지고 있었습니다. 이들 가운데 함양(咸陽) 왕(王) 희, 북해(北海) 왕 상, 고양 왕 옹, 팽성(彭城) 왕 사 등이 권력 다툼을 했습니다. 특히 함양 왕 희는 선무제를 제거하고 자신이 황제가 되고자 했습니다. 그러자 선무제는 외삼촌 고조를 불러 자신을 보호해 달라고 했습니다. 고조는 점점 사람을 모아 선무제를 보호하는 한편, 북해 왕 상을 죽이고 여러 왕들을 옥에 가두어 버렸습니다. 선무제는 함양 왕 희가 가진 재물과 보화, 노비와 밭, 집을 모두 고조 형제에게 주었습니다. 황실의 외척인 고조는 북위에서 막강한 권력자로 등장하게 되었습니다. 고조는 514년 선무제의 명을 받아 군사를 이끌고 남쪽 나라를 공격하는 일을 맡았습니다. 그런데 다음 해 선무제가 갑자기 죽자 상황이 달라졌습니다. 그의 권력도 영원할 수는 없었던 것입니다.

선무제가 살아 있는 동안 아무도 고조를 해치지 못했지만 선무제가 죽자 고조에 반대하는 세력들이 움직였습니다. 고조는 급히 군대를 돌려 북위의 수도로 돌아왔습니다. 그는 선무제의 시신이 있는 궁궐 안 태극전(太

極殿)으로 들어섰습니다. 많은 사람들은 최고 권력자인 고조가 선무제의 시신 앞에 무릎을 꿇고 절하는 의식을 기다리고 있었습니다. 여러 신하들이 고조를 태극전으로 안내했습니다. 고조는 큰 슬픔에 젖어 이상한 낌새를 눈치채지 못했습니다. 그의 반대파인 고양 왕이 태극전 주변에 암살자를 배치했던 것입니다. 고조가 태극전에 올라가는 순간 힘센 장사들이 뛰쳐나와 고조의 목을 비틀고 끌어내어 죽여 버렸습니다. 약 15년에 걸친 고조의 권세가 끝나는 순간이었습니다. 고양 왕 등은 고조가 나쁜 짓을 많이 했기에 죽었다고 발표했습니다.

하지만 고조와 함께 무리를 만든 다른 고구려 사람들에게는 벌을 주지 못했습니다. 그 이유 가운데 하나는 북위에서 고구려 사람들을 모두 죽일 경우 고구려와의 관계가 나빠질 것을 두려워했기 때문입니다. 고조가 죽은 후인 519년 고구려 **문자명왕**(文咨明王, ?~519)*이 죽었습니다. 그러자 북위에서 정권을 쥔 영태후(靈太后, ?~528)는 동쪽 사당에 나아가 문자명왕의 죽음을 애도하는 의식을 거행했습니다. 이처럼 북위는 고구려의 눈치를 살폈던 것입니다. 고조가 권력을 쥔 동안 고구려와 북위는 평화로운 관계가 유지되었습니다. 외국에 나가 활동한 고구려인이 조국인 고구려에게도 큰 도움이 되었던 것입니다.

문자명왕 고구려의 제21대 왕이다. 장수태왕의 손자이지만 아버지가 일찍 세상을 떠나 장수태왕의 뒤를 이어 왕위에 올랐다. 부여를 합병하여 북쪽으로 영토를 크게 확장하는 등 고구려를 더욱 강성한 나라로 만들었다.

북위 황제를 낳은 문소왕후의 꿈

고조의 여동생인 문소왕후는 13세 때 아름답고 마음씨가 고와서 왕의 후궁으로 뽑히게 되었습니다. 그녀는 어릴 적 이런 꿈을 꾸었습니다. 방 안에 서 있는데 햇볕이 창문으로 들어와서 뜨겁게 비추자 이를 피했습니다. 이런 꿈을 여러 번 꾸기에 이상스러워서 아버지 고양에게 말하니, 아버지는 요동 사람 민종(閔宗)에게 꿈이 의미하는 것을 풀어 달라고 부탁했습니다.

"이것은 신기한 징조입니다. 따님이 해가 비추는 꿈을 꾸신 것은 장차 황제의 사랑을 받으셔서 제왕을 낳으신다는 계시입니다."

그 후 그녀는 선무제가 되는 아들을 낳았고 그녀도 황후가 되었습니다. 그녀가 햇빛을 받고 아들을 낳은 것은 부여의 동명왕(東明王), 고구려의 추모왕(鄒牟王: 주몽, 기원전 58~기원전 19) 신화와 매우 닮았습니다. 부여를 건국한 동명왕의 어머니는 탁리국(槖離國)이란 나라의 궁궐 시녀였는데 햇빛을 받아 자식을 잉태하였고, 고구려 추모왕의 어머니 유화(柳花) 부인도 햇빛을 받아 아들을 낳았습니다. 문소왕후가 자식을 낳게 된 이야기가 부여, 고구려 신화와 같다는 것은 그녀가 곧 고구려인의 후손임을 말해 주는 것이나 다름없습니다.

5~6세기 북중국에서 활약한 고구려 출신

5~6세기 북중국에는 고구려인들이 대거 진출하여 높은 관직에 오른 사람들이 많았습니다. 고조가 살해당했지만 그의 아들 고식은 청주자사라는 벼슬을 지냈습니다. 고조를 죄인이라고 하여 죽여 놓고도 그의 아들에게 높은 관직을 준 것은 고조와 고구려인의 세력이 엄청났기 때문입니다.

고조와 문소왕후만 북위 황실과 결혼한 것이 아니었습니다. 고조의 맏형인 고곤의 아들 고맹(高猛)은 선무제의 동생인 장락 공주(長樂 公主)와 결혼했고, 둘째 형 고언의 딸은 선무제의 귀빈(貴賓)이 되었다가 508년에는 황후가 되었습니다. 고조 가문은 3중, 4중으로 북위 황실과 결혼을 했던 것입니다. 또한 고조의 먼 친척뻘인 고잠은 헌문제(拓跋弘, 454~476)의 사위가 되었습니다. 단지 북위 황실과 결혼했기 때문에 이들이 벼슬길에 올랐던 것은 아닙니다. 고잠의 아들인 고숭(高崇)은 낙양령(洛陽令) 벼슬을 받고 정치를 잘해 칭송받았습니다. 북위가 망한 후 세워진 북주(北周)에서 출세한 고림(高琳, 497~572)은 북주의 군사령관을 지내기도 하였습니다.

일본 열도로 건너간
신라 왕자 천일창

일본은 우리나라와 매우 가까운 이웃입니다. 비록 바다를 건너야 만날 수 있는 이웃이지만 아주 오랜 옛날부터 우리나라와 일본 사이에는 많은 왕래가 있었습니다. 두 나라의 왕래 역사 가운데 첫머리를 차지할 만한 인물이 신라 왕자 천일창(天日槍, ?~?)입니다. 그에 관한 기록은 고대 일본의 역사를 알려 주는 책인 『일본서기(日本書紀)』*에 기록되어 있습니다.

"기원전 27년 신라 왕자 천일창이 작은 배를 타고 와서 우태옥(羽太玉), 족고옥(足高玉), 적석옥(赤石玉) 각 1개, 작은 칼 1구, 창 1기,

---

일본서기 『고사기(古事記)』와 함께 일본에서 가장 오래된 역사책으로 인정받고 있다. 모두 30권으로 720년에 완성되었고, 고대(古代)부터 697년까지 왕실 공식 기록, 전설, 신화까지 두루 기록되었다. 그러나 외국의 진구황후[神功皇后]가 신라를 정복했다는 대목처럼 왜곡된 부분도 많다.

거울 1면, 곰신(熊神) 울타리 1구(具) 등 일곱 가지 물건을 가지고 왔다. 천일창은 이것을 단마국(但馬國)에 보관해 두었고 항상 신의 물건으로서 여기게 했다."

그런데 『일본서기』에는 천일창과 관련된 또 하나의 이야기가 실려 있습니다.

"천일창이 배를 타고 파마국(播磨國)에 도착하자 왜국의 천황이 사람을 보내 그에게 누구냐고 물었다. 천일창은 '나는 신라 국왕의 아들인데, 일본국에 성스러운 임금이 있다는 이야기를 듣고는 나라를 동생에게 주고 귀화했다.'라고 말하고, 거울을 비롯한 여덟 가지 물건을 바쳤다. 그러자 수인천황(垂仁天皇)은 천일창에게 파마국의 육속읍(宍粟邑)과 담로도의 출천읍(出淺邑)의 땅을 주어 살게 했는데, 천일창은 자신이 고를 터이니 마음에 드는 곳을 달라고 하였다. 천일창은 근강국(近江國)과 약협국(若狹國)을 거쳐 서쪽인 단마국에 가서 거주지를 정하고 그곳에서 결혼하고 살았다. 또 근강국 경촌 골짜기의 도자기 굽는 사람들은 천일창을 따라온 자들이다."

천일창에 관한 기록을 담은 『일본서기』의 앞부분인 수인천황 시기 기록에 대해서 연구자들은 그 연대를 의심하며 사실인지 여부도 장담할 수 없다고 합니다. 후손들이 사건의 연대를 실제보다 더 오래전에 일어난 것으로 적었을 가능성이 크고, 말로 전해진 내용을 글로 옮기다 보니 과장되거

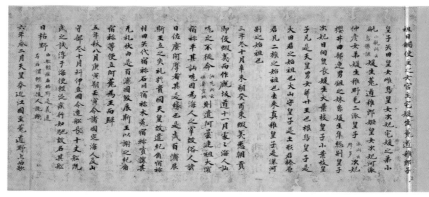

『일본서기』는 편찬될 당시 『백제기(百濟記)』, 『백제본기(百濟本記)』 등 한국의 역사책과 『위서(魏書)』, 『진서(晉書)』 등 중국의 역사책을 참고하였다. 이 때문에 『일본서기』에는 한국 고대사와 관련된 내용도 많다.

나 잘못된 내용도 있다고 봅니다. 하지만 천일창의 이야기는 예로부터 한반도에 살던 사람들이 바다를 건너 일본 열도로 많이 진출했다는 사실을 반영한다고 할 수 있습니다. 천일창이 처음 도착한 파마국은 세토나이카이[瀨戶內海]에 인접한 효고현[兵庫縣] 남부 지역이며 그가 최종적으로 머문 단마국이란 곳은 동해안에 인접한 효고현 북부 지역입니다.

이 지역은 한반도에서 일본 열도로 건너간 사람들이 많이 도착한 곳이기도 합니다. 그가 지나간 근강국은 현재의 시가현[滋賀縣] 지역으로, 일본 최대의 호수인 비와(琵琶) 호수 주변 지역을 말합니다. 약협국은 시가현에 이웃한 후쿠이현[福井縣] 서남부 지역입니다.

고대 일본의 중심지인 오사카, 나라 지역보다 다소 북쪽에 위치한 효고현, 시가현 등지에 신라 사람들이 많이 진출해 살았기 때문에 그들의 대표 조상인 천일창 이야기가 『일본서기』에도 실렸다고 할 수 있겠습니다. 다시 말해 천일창 이야기 속에서 신라인들이 일본 열도에 진출한 사연이 담겨

져 있다고 할 수 있습니다.

천일창 이야기에는 신라에서 온, 도자기를 만드는 사람이 등장합니다. 도자기 만드는 자들 가운데 대표적인 인물이 행기보살(行基菩薩, 668~749)이라고 합니다. 그는 일본 열도에 처음으로 술잔과 도가니를 만드는 법을 가르쳤습니다. 그가 토기 만드는 법을 알려 준 것은, 아직 이때까지 일본 열도에 좋은 그릇을 만드는 기술이 없었음을 말해 줍니다.

천일창은 옥과 거울, 칼 등을 일본 열도에 가져갔는데 특히 작은 칼은

일본 효고현에 위치한 이즈시 신사[出石神社]에는 천일창의 위패가 모셔져 있다.

대단히 신기한 일화를 가지고 있습니다. 어떠한 계기로 칼이 '담로도'란 곳에 도착했는데 그곳 사람들은 이 칼을 위해 사당을 짓고 제사를 지냈다고 합니다. 천일창이 가져온 물건은 워낙 귀해서 그가 도착한 지 86년이 지난 서기 59년에 다시금 화제가 됩니다. 그가 가져온 물건을 단마국 사람들이 귀하게 여겨 신의 보물로 삼자 수인천황이 이 물건들을 보고자 했다고 합니다. 신라에서 건너온 물건이 신의 물건처럼 귀하게 여겨진 것은, 아직까지 일본 열도에서 그와 같은 물건을 생산할 기술이 없었기 때문입니다. 신라에서 건너간 사람들이 일본 열도에 앞선 문화를 전파해 주었던 것입니다. 천일창의 후손 가운데 전도간수(田道間守)란 자는 신라에 사신으로 파견되어 귤나무를 구해 왜국으로 가져온 사람입니다. 천일창의 후손들 역시 신라와의 지속적인 관계를 맺으면서 일본 열도에 문화를 전파해 주었습니다.

단마국 지역의 신사(神社: 일본에서 신을 모시는 종교 시설)에서는 천일창을 신으로 받들고 있습니다. 천일창은 『일본서기』와 『고사기(古事記)』* 등 일본에서 전해오는 기록에만 등장하며 우리나라 기록인 『삼국사기(三國史記)』*에는 기록되지 않아 실제로 신라 왕자인지 확인할 수 없습니다. 하지만 일본의 큰 신사에서 모시는 신들은 대개 일본 고유의 신인데, 유독 그를 신라 왕자라고 칭하는 것은 매우 특별한 경우라고 볼 수 있습니다. 따라서 천일창이 실제로 언제 살았던 인물인지 확인할 수는 없어도 그로 대표되는 신라인들이 일본 열도, 특히 효고현 등지로 많이 건너갔다는 사실은 부정할 수 없겠습니다.

고사기 『일본서기(日本書紀)』와 함께 일본에서 가장 오래된 역사책으로 인정받고 있다. 모두 3권으로 712년 완성되었다. 주로 고대 일본의 신화와 전설, 천황의 계보 등을 기록하였는데 고대 일본의 의식, 관습, 주술 등을 이해하는 데 귀중한 정보를 제공하고 있다.
삼국사기 김부식이 고려 인종의 명에 따라 펴낸 신라, 고구려, 백제, 세 나라의 역사를 기록한 책이다. 총 50권 10책으로 구성되어 있으며, 현존하는 역사책 중 『삼국유사』와 더불어 우리나라에서 가장 오래되었다.

연오랑과 세오녀 설화

『삼국유사(三國遺事)』에는 천일창 이야기와 닮은 이야기가 하나 실려 있습니다.

동해의 바닷가에 연오랑(延烏郎)과 세오녀(細烏女)라는 부부가 살고 있었습니다. 그런데 신라 8대 아달라(阿達羅, ?~184) 임금 4년(서기 158년)의 어느 날 연오가 바닷가에 나가 해조를 따던 중 갑자기 바위 하나가 연오를 싣고 일본으로 가 버렸습니다. 그 나라 사람들은 연오를 보고 '이분은 범상치 않은 사람이다.'라며 자신들의 왕으로 삼았습니다. 세오는 남편이 돌아오지 않는 것을 이상하게 여겨 여기저기 찾아보다가 남편이 바위 위에 벗어 놓은 신발을 발견했습니다. 세오가 그 바위에 올라가니 바위는 다시 전처럼 세오를 싣고 갔습니다.

일본 사람들이 이를 보고 놀라서 왕께 아뢰니 부부가 다시 만나게 되었습니다. 세오는 귀비(貴妃), 즉 왕비가 되었습니다. 그런데 신라에서는 해와 달이 광채를 잃었습니다. 이때 점치는 자가 아달라 임금에게 '우리나라에 있던 해와 달의 정기가 일본으로 가 버렸기 때문에 괴변이 일어난 것입니다.'라고 아뢰었습니다.

아달라 임금은 일본으로 사신을 보내어 두 사람을 찾았습니다. 그러자 연오가 신라 사신에게 "내가 여기에 온 것도 하늘이 시킨 일이거늘 어찌 그냥 돌아갈 수 있겠소? 나의 귀비가 짠 고운 명주가 있으니 이것을 가지고 하늘에 제사를 지내면 될 것입니다."라고 말하면서 그 비단을 주었습니다.

사신은 돌아와서 임금에게 이 말을 전했습니다. 그래서 아달라 임금은 연오의 말대로 제사를 지냈습니다. 그러자 해와 달이 이전의 모습으로 돌아왔습니다. 이후 신라에서는 그 비단을 임금의 창고에 잘 간직하여 국보로 삼고 그 창고를 귀비고(貴妃庫)라 하였습니다. 또 하늘에 제사를 지낸 곳을 영일현(迎日縣) 또는 도기야(都祈野)라고 하였습니다.

　이 이야기 역시 신라인이 일본 열도에 건너가 일본의 왕이 되었다는 내용입니다. 이런 이야기가 전해진 것은 고대부터 한반도에서 일본 열도로 많은 사람들이 건너갔음을 말해 주는 것입니다. 물론 반대로 일본 열도에서 신라로 온 사람도 있습니다. 대표적인 사람이 호공(瓠公)입니다. 호공은 본래 왜국 사람으로 호롱박을 허리에 차고 바다를 건너온 사람입니다. 그는 경주 한복판 월성에 큰 집을 짓고 살았는데 석탈해(昔脫解, ?~80)에게 그 집을 빼앗기기도 했지만 박혁거세(朴赫居世, 기원전 69~기원후 4), 석탈해의 신하로서 많은 일을 했습니다.

일본 열도에서 활약한 신라의 첩자

　고대에는 한반도 지역이 일본 열도보다 문화가 발달했으므로 물이 높은 곳에서 낮은 곳으로 흐르듯 한반도에 살던 사람들이 일본 열도로 건너가 앞선 문화를 전해 준 것은 당연한 일이었습니다. 하지만 일본이 받기만 한 것은 아니었습니다. 차츰 일본 열도에 인구가 늘어나자 왜국의 힘도 강해졌습니다. 그리고 왜국은 신라를 위협하는 나라가 되어 갔습니다.

　554년 신라는 한때 동맹을 맺었던 백제를 배신하고 전쟁을 하다가 백제 성왕(聖王, ?~554)의 목숨을 빼앗았습니다. 이 사건으로 인해 백제는 신라에 큰 원한을 갖게 되었습니다. 백제는 신라를 굴복시키기 위해서 왜국에 많은 선물을 보내며 왜국의 군사력을 이용해 신라를 공격할 준비를 하게 됩니다. 602년 백제는 대대적인 준비를 마치고 신라를 공격하고자 합니다. 그해 2월 백제의 요청을 받아들인 왜국은 2만 5,000명의 대군을 신라와 가까운 규슈[九州] 축자(筑紫) 지역에 주둔시켰습니다. 그런데 재미있는 것은 왜국이 군대를 모으기 직전인 601년 9월 신라 첩자 '가마다(迦摩多)'가 쓰시마 섬에 도착했을 때, 왜국이 그를 잡아서 유배(流配: 외따로 떨어진 곳에서 살게 하는 벌)시켰다는 것입니다. 신라가 왜국에 첩자를 보낸 것은 백제가 왜국과 손잡고 신라를 대규모로 공격해 올 것임을 알았기에 가능한 일입니다.

하지만 신라는 포기하지 않았습니다. 603년 2월 신라는 첩자를 이용해 왜국의 신라 정벌 사령관을 맡은 래목황자(來目皇子)를 죽이는 데 성공했습니다. 그 결과 왜국의 신라 침공 계획은 실행되지 못했습니다. 뿐만 아니라 623년 왜국에서 다시 신라를 공격하려고 하자 이번에는 왜국의 대신들에게 뇌물을 써 이 계획 역시 틀어지게 만들었습니다.

전쟁은 싸우지 않고 승리하는 것이 가장 좋은 승리입니다. 신라는 일본 열도의 상황을 늘 정확히 알고 대처했던 것입니다. 이렇게 할 수 있었던 것은 신라인들이 일본 열도에 진출해 왜국에 대한 많은 정보를 가지고 있었기 때문입니다.

일본 학문의 스승 왕인

일본에서는 백제를 '구다라[百濟]'라고 부릅니다. 구다라는 '큰 나라'라
는 뜻을 가지고 있는데, 백제가 구다라로 불린 까닭은 과거 백제가 일본에
크게 영향을 끼쳤기 때문입니다.

367년 백제는 가야의 탁순국(卓淳國: 오늘날의 창원)을 매개로 하여 일본
열도에서 가장 큰 힘을 가진 왜국과 처음으로 관계를 맺게 됩니다. 이후
백제는 문화적으로 후진국이었던 왜국에게 앞선 문물과 학문을 전해 주
는 스승의 나라가 됩니다. 백제 근초고왕(近肖古王, ?~375)*은 왜의 사신에
게 보물 창고를 열어 백제가 왜국에게 필요한 우수한 물품을 선사할 수 있
는 나라임을 보였습니다. 이렇게 백제가 왜에게 선물과 학문을 전해 준 것
은 물론 이유가 있었습니다. 왜국은 철을 직접 생산하지 못해 철을 수입해
야 하는 나라였고 무기의 질도 좋지 않았지만 많은 병력을 가지고 있었습

니다. 백제는 왜국의 병사들을 용병으로 활용하고자 했던 것입니다. 그리고 왜를 이용해 경쟁자인 신라를 견제하고자 했던 것입니다. 왜국은 가야, 백제, 고구려, 신라 등 여러 나라와 관계를 맺으면서 자국에게 이익이 되는 것을 얻어 갔습니다. 왜국과 가장 밀접한 관계를 맺었던 것은 백제였습니다. 왜국은 백제가 396년 고구려의 공격을 받았을 때, 552년 신라의 공격을 받았을 때, 또 660년 백제가 멸망했을 때 병력을 보내 백제를 지원하기도 했습니다. 백제는 552년 왜국에 불교를 전한 것을 비롯해 천문학, 의학, 건축 등 다방면에 걸쳐 박사(博士)*들을 보내 왜국의 문화 발전에 큰 도움을 주었습니다.

백제 사람들 가운데 특히 왕인(王仁, ?~?)은 왜국 사람들을 가르친 큰 스승으로 일본 학문의 시조라고 불리고 있습니다. 왕인은 백제 제13대 임금 근초고왕 시대에 활약한 인물입니다. 왕인이 일본으로 가게 된 데에는 이유가 있습니다.

백제는 먼저 왜국에 말 2필을 보내면서 아직기(阿直岐, ?~?)*라는 이를 보내 말들을 돌보게 했습니다. 그런데 아직기는 한문으로 된 경서를 잘 읽었습니다. 그래서 왜국에서는 그를 왜국 태자의 스승으로 삼았습니다. 그리고 왜국의 왕은 아직기에게 그대보다 더 뛰어난 박사가 있느냐고 물었

근초고왕 백제 제13대 왕으로 어려서부터 체격과 용모가 뛰어나고 식견이 넓었다는 기록이 남아 있다. 왕위에 오른 뒤 고구려를 공격해 남평양을 빼앗아 영토 확장에 힘썼고, 신라와 우호적인 관계를 유지하는 등 군사와 외교에 뛰어난 능력을 보이며 백제의 전성기를 이끌었다.

박사 고대에 전문 학자나 전문 기술자를 일컫는 말. 삼국 시대에는 태학박사(太學博士), 오경박사(五經博士), 의박사(醫博士), 역박사(易博士), 역박사(曆博士), 와박사(瓦博士), 산학박사(算學博士) 등 다양한 분야의 박사가 있었다. 신라에서는 일종의 국립대학인 국학(國學)을 설치하였는데 이곳에서 박사들이 유학, 문학, 역사, 계산법 등을 가르쳤다.

고, 아직기는 왕인이 더 뛰어난 박사라고 대답해 주었습니다. 아직기는 본래 말을 돌보는 일을 맡았던 만큼 아무래도 전문 학자는 아니었습니다. 그래서 왜국의 왕은 곧바로 백제에 사신을 보내 왕인 박사를 보내 달라고 요청했습니다.

학문이 뛰어난 덕택에 왜국 왕의 초빙을 받게 된 왕인은 공자님의 말씀을 기록한 『논어(論語)』 10권 그리고 한자를 익히는 책인 『천자문(千字文)』

아직기 백제의 학자로 유교의 사상과 교리에 밝았다. 근초고왕의 명령으로 일본에 건너갔다가 학문이 뛰어나 일본 태자의 스승이 되었다. 또한 천황의 요청으로 박사 왕인을 일본으로 데려와 일본에 한학(漢學)을 전하게 하였다.

영암에 위치한 왕인 사당에는 그의 영정과 위패가 모셔져 있다. 그러나 백제로 돌아가지 않았던 왕인 박사의 실제 무덤은 일본 오사카 지방에 위치한 것으로 알려져 있다.

1권을 가지고 왜국으로 건너갔습니다. 왕인은 왜국에서 오진왕[應神王]의 태자인 우지노와키이라츠코[兎道稚郞子]의 스승이 되어 그에게 여러 유학의 경서들을 가르쳤습니다. 많은 공부를 한 왕인은 왜왕의 신하들에게도 학문을 가르쳐 일본의 유학 발전에 큰 기여를 했습니다.

현재 일본 오사카부[大阪府] 히라카타시[枚方市]에는 왕인 박사의 묘라고 전해지는 무덤이 있습니다. 왕인은 백제로 돌아가지 않았던 모양입니다. 그의 후손들은 오사카부 가와치아스카[河內飛鳥] 일대에 거주하면서 대대로 나랏일을 맡아 보는 등 고대 일본의 문화 발달에 큰 기여를 했습니다. 현재 일본은 왕인의 묘를 중요 문화재로 관리하고 나라현의 이치노모도에는 왕인을 신으로 모시는 와니시모 신사[和爾下神社]가 있을 정도입니다. 이처럼 그는 일본에 큰 자취를 남겼습니다.

우리나라에는 왕인에 대한 기록이 없지만 전라남도 영양 지역에는 왕인 박사와 관련된 전설이 있습니다. 영암군 동구림면 성기동은 왕인 박사가 태어나 공부한 곳이라고 합니다. 또 영암 상대포는 왕인 박사가 왜국으로 떠난 곳이라고 전해집니다. 현재 영암군에 위치한 왕인 박사 유적지에는 왕인

전라남도 영암군 왕인 박사 유적지에 위치한 동상. 매년 4월이면 이곳에서 왕인 박사의 탄생과 업적을 기리기 위해 '영암왕인문화축제'가 열린다.

박사 전시관과 사당이 만들어졌고, 그가 공부하던 석굴, 그가 마신 샘물 등이 보존되어 있습니다. 왕인 박사는 당시까지 글도 제대로 몰랐던 왜국인에게 학문을 가르친 큰 스승으로 지금도 존경받는 인물이랍니다.

세계에서 가장 오랜 기업의 창업주, 유중광

영국의 경제 잡지인 『이코노미스트』는 세계에서 가장 오랜 기업으로 일본의 옛 건물 전문 건축 회사인 곤고구미[金剛組]를 선정한 적이 있습니다. 이 회사는 서기 586년에 세워져 지금까지 무려 1,400년이 넘는 긴 역사를 자랑해 왔습니다. 그런데 이 회사의 창업주는 놀랍게도 백제에서 왜국으로 건너간 유중광(柳重光)과 그의 동료들이라고 합니다.

유중광은 왜국 쇼토쿠 태자[聖德太子, 6세기 말~622]의 초청으로 왜국에 가서 586년부터 593년에 이르기까지, 오늘날 오사카의 최대 사찰인 시텐노지(사천왕사)를 짓는 데 앞장서게 됩니다. 유중광의 솜씨에 놀란 쇼토쿠 태자는 유중광에게 앞으로 대대손손 시텐노지를 보수, 관리하는 임무를 부탁하게 됩니다.

시텐노지의 명물인 오중탑과 회랑의 모습. 시텐노지는 일본 최초의 불교 사찰로써 곳곳에서 백제의 건축 양식을 발견할 수 있는 의미가 깊은 유적이다.

쇼토쿠 태자는 유중광에게 곤고 시게미쓰[金剛重光]란 이름을 지어 줄 정도를 그를 신뢰했습니다. 결국 유중광은 왜국에 머물게 되었고 사찰의 보수, 관리를 맡는 회사 곤고구미를 설립하게 되었습니다. 그의 후손들은 무려 40대를 이어가며 일본 제일의 사찰 전문 건축 회사로 남았습니다.

　　1,400년을 지탱해 온 곤고구미의 힘은 '기본에 충실하라'입니다. 1995년 일본 고베시에 대지진이 났을 때 많은 건물, 다리 등이 파괴되었지만 곤고구미가 지은 사찰인 가이코인의 대웅전(大雄殿)만큼은 멀쩡했다고 합니다. 서까래가 일부 뒤틀렸지만 그것도 1년이 지나자 제 모습으로 돌아왔습니다. 곤고구미는 건축을 할 때 천장, 밑바닥처럼 보이지 않는 곳에 더 공을 들인다고 합니다. 그래서 일본에선 "곤고구미가 흔들리면 일본 열도가 흔들린다."라는 말이 전해지기도 합니다. '기본에 충실하라'는 곤고구미의 전통은 바로 백제의 건축 기술자 유중광에 의해 만들어진 것입니다.

대륙에 나라를 세운
고구려 유민 이정기

668년 당(唐)나라는 고구려를 멸망시킨 후 나라 잃은 고구려 유민들을 강제로 끌어갔습니다. 당나라는 20만 명이 넘는 고구려 유민들을 당나라 곳곳에 흩어져 살게 했습니다. 그 결과 요하(遼河) 서편 영주(營州) 땅에도 고구려 사람들이 많이 살게 되었습니다. 이들 가운데 발해(渤海)*를 세운 대조영(大祚榮, ?~719)*이 등장하기도 했지만 일부 유민들은 발해 건국 후에도 영주에 살았습니다.

732년 고구려 유민의 후손으로 이회옥(李懷玉, 732~781)이란 아이가 태

발해 698년 고구려 장수 출신인 대조영이 중국 만주 지방을 중심으로 고구려 유민과 말갈족 세력을 병합하여 건국하였다. '해동성국(海東盛國)'이라 불릴 정도로 강성했으며 5경(京) 15부(府) 62주(州)를 두어 넓은 영토와 군사를 효과적으로 다스렸다. 그러나 926년 요나라의 공격을 받아 멸망하였다.

대조영 발해를 세운 시조이며 고왕(高王)이라 일컬어진다. 고구려 유민 출신으로, 고구려가 멸망한 뒤 당나라의 고구려 유민 분산 정책에 따라 가족과 함께 중국 영주(營州) 지방으로 이주하였다. 이곳에서 탈출하여 698년 진국(震國)을 세웠다. 그리고 713년 국호를 발해로 바꾸고 '해동성국'의 기틀을 마련하였다.

어났습니다. 그는 청년이 되자 당나라 군인이 되었습니다.

그런데 755년 안록산(安祿山, 703~757)이란 자가 반란을 일으키자 반란군을 토벌하는 군대에 이회옥도 평로군(平盧軍) 비장이라는 직책으로 그의 사촌형제(고모의 아들) 후희일(侯希逸)과 함께 출전했습니다.

758년 평로군 절도사 왕현지(王玄志)가 병으로 죽자 당나라 정부에서는 그의 아들에게 절도사 직위를 세습(世襲: 집안의 재산, 지위, 직업 등을 대대로 물려주는 일)시키려고 했습니다. 절도사는 군대는 물론 행정 일까지 맡는 한 지방의 왕이나 다름없는 자리였습니다. 평로군에는 고구려 유민 출신이 많았고 그 힘을 바탕으로 이회옥은 왕현지의 아들을 죽이고 후희일을 평로군 절도사로 추대했습니다.

하지만 평로군은 위기에 처해 있었습니다. 안록산의 군대와 싸우면서 북쪽에서 쳐들어오는 해족(奚族: 중국 변방의 오랑캐)의 공격도 막아내야 했는데, 당나라 정부로부터 별다른 지원도 받지 못하는 상황이었습니다.

결국 761년 후희일과 이회옥은 2만의 군대를 지휘하여 발해만을 건너 산둥 반도 등주에 상륙했습니다. 이곳은 해족의 공격을 막을 필요도 없고 인구도 많고 경제적으로 풍요로워 군대에 필요한 물자를 쉽게 구할 수 있는 곳이었습니다. 당나라 정부는 후희일에게 치추, 청주 등 6개 지역을 관장하는 평로치청절도사(平盧淄靑節度使)의 관직을 주었고, 이회옥도 부장이라는 직위를 받게 되었습니다.

이회옥의 군대는 안록산의 잔당인 사조의(史朝義, ?~763)가 이끄는 군대를 토벌하기 위해 여러 차례 전투를 했습니다. 이때 당나라 토벌군과 함께 작전도 펼치게 되는데 이때 가장 뛰어난 활약을 한 군대는 위구르 족

(Uighur 族)* 출신 군대였습니다. 그러자 위구르 출신 장군 하나가 뻐기면서 다른 부대의 군인들을 포악하게 괴롭혔습니다. 다른 절도사들도 그를 어쩌지 못했습니다. 이를 보다 못한 이회옥은 그와 격투를 벌였습니다. 위구르 장수는 오줌을 질질 싸며 패하고 말았습니다. 이 사건으로 병사들의 웃음거리가 되자 다시는 난폭한 행동을 못하게 되었습니다. 이 때문에 토벌군의 병사들은 이회옥을 존경하게 되었습니다.

뛰어난 무예 솜씨와 담대한 용기를 가진 이회옥은 평로치청군 내에서 인기가 점점 올랐습니다. 반면 절도사 후희일은 차츰 일을 게을리하고 사찰을 짓는 등 다른 일에 몰두해 치청 지역 사람들로부터 인기가 떨어졌습니다. 그러자 후희일은 이회옥을 시기하여 그의 부장 직위를 빼앗았습니다. 하지만 군사들은 이 조치에 불만을 품어 마침내 후희일을 쫓아내고 765년 이회옥을 절도사로 추대했습니다.

안록산과 사조의의 반란 이후 당나라는 각 지역의 절도사를 통제할 힘을 크게 잃고 있었습니다. 이회옥은 당나라 정부의 임명이 아니라 부하들의 추대로 절도사가 된 것입니다. 그러자 당나라는 그에게 평로치청절도관찰사(平盧淄靑節度觀察使), 해운압신라발해양번사(海運押新羅渤海兩蕃使), 검교공부상서(檢校工部尙書) 겸 어사대부(御史大夫), 청주자사로 임명하고 정기(正己)라는 이름을 주었습니다. 이때부터 그는 이정기라고 불리게 되었습니다. 해운압신라발해양번사는 바다를 통해 이루어지는 발해와 신라의 외교 및 교역 업무를 담당하는 직책입니다. 이정기가 다스리는 산둥 반

위구르 족 몽골 고원과 중앙아시아를 중심으로 살았던 터키계 유목 민족으로, 744년 유목 국가를 세웠으나 840년에 멸망했다.

이회옥이 이정기가 되기까지

고구려 유민의 후손인 이회옥과 그의 사촌 후회일은 당의 반란군을 토벌하기 위해 출전하게 된다.

음…

이회옥은 세습될 절도가의 아들을 죽이고 후회일을 절도사로 추대한다.

악!

흡!

허!

부장의 직위를 얻은 이회옥은 대담한 용기로 병사들의 존경을 한 몸에 받게 된다.

혼날래?

속이 후련

앞으로 안 그럴게요.

까불던 위구르족

후회일은 높은 관직에도 이회옥의 인기를 시기해서 그의 직위를 빼앗지만,

그 전에 일이나 좀 하시져…

쳇! 내가 더 존경받아야 하는데 말야…

곧 자신이 쫓겨나게 되고 이회옥이 절도사가 된다.

어머나

빠빵!

쯧!

사촌이라 봐 줬다.

그리고 당은 그에게 이정기라는 새 이름을 주게 된다

별수 없지!

이정기 라고 합니다.

도는 발해, 신라가 당나라와 교역하는 최단 거리에 위치해 있어 발해와 신라로부터 오는 물자가 모이는 요충지입니다. 이정기는 발해와 신라와의 교역을 토대로 큰 이익을 얻어 차츰 세력을 키울 수 있었습니다.

이정기는 점점 주변 지역을 복속시켜 치(淄), 청(靑), 제(齊), 해(海), 등(登), 래(萊), 기(沂), 밀(蜜), 덕(德), 체(棣) 등 10개 주(州)를 자신이 직접 다스리게 되었습니다. 775년에는 이웃한 이영요의 반란군을 진압하는 일에 참여하여 당나라 최대 요충지인 서주(徐州)를 비롯한 조(曹), 박(濮), 예(兗), 운(鄆), 5개 주를 더 얻어 15개 주를 직접 다스리게 되었습니다. 다른 절도사들이 7~9개 주의 땅과 5만~9만의 군사를 거느린 것에 비해 그는 10만이 넘는 군사력, 한반도에 버금가는 면적, 인구 540만 명을 다스리는 사실상 독립된 왕국의 왕이었습니다. 당나라는 그가 다스리는 지역을 확장할 때에도 전혀 관여하지 못했습니다.

당 황제는 별다른 힘이 없었고, 절도사들이 다스리는 번진(藩鎭: 군대를 거느리고 변방을 다스리던 관아)이란 곳이 하나의 독립국처럼 되어 가는 세상이었습니다. 각 지역의 절도사들은 차츰 당나라 정부의 말을 듣지 않았고, 때로는 반란을 일으켜 당나라를 위협하기도 하고, 절도사 지위를 세습하면서 자기 지역에서 거둔 세금을 당나라에 바치는 것을 꺼려하게 되었습니다. 이정기 역시 마찬가지였습니다.

이정기가 다스리는 치청 번진은 당나라 전체 소금 생산량의 절반을 차지하는 염전이 있었습니다. 또한 당나라 곡물 생산량의 10%를 차지할 만큼 비옥한 농토가 있었습니다. 게다가 발해 및 신라와의 무역에서 이익도 누린 만큼 다른 번진에 비해 경제력이 월등했습니다. 이정기는 법을 엄정하게 적용하고, 백성들의 세금을 균등히 가볍게 함으로써 백성들의 지지도 얻었습니다. 강력한 경제력 그리고 강한 군사력까지 가진 이정기의 치청 번진을 당나라도 차츰 두려워하기 시작했습니다. 당나라는 치청 번진의 힘을 줄이려는 계획을 세웠고, 이정기도 당나라에 대항할 준비를 했습니다.

779년 이정기는 치청의 수도를 청주(靑州)에서, 당나라의 수도 장안과 가까운 운주(鄆州)로 옮겼습니다. 이곳으로 수도를 옮긴 것은 기회가 되면 당나라 장안을 직접 공격하려는 계획을 실천에 옮기기 위함이었습니다. 이정기는 결국 781년 당나라와 전쟁을 했습니다. 전쟁의 원인은 이정기와 이웃한 성덕절도사 이보신(李寶臣)이 죽자, 당나라에서 이보신의 아들 이유악(李維岳)의 절도사 세습을 인정하지 않은 사건에서 비롯되었습니다. 이보신은 이정기의 아들 이납(李納)의 장인이었고, 이정기와 동맹 관계를 맺은 사이였습니다. 이정기는 당나라가 성덕 번진을 제압할 경우 치청 역시 무사할 수 없다고 판단했기 때문에 이유악의 절도사 세습을 인정하라고 요구한 것입니다. 이정기 역시 자신의 지위를 아들 이납에게 물려주려는 계획이기도 했습니다.

이정기는 10만 대군으로 당나라와 전투를 벌여 승리를 거두었고 장안으로 통하는 대운하를 장악했습니다. 당나라는 양자강 유역에서 거둔 세금을 대운하를 이용해 배로 옮겨 왔는데, 이제 이 길이 막히자 장안은 물가가 뛰고 혼란에 빠졌습니다. 이정기는 당나라의 목덜미를 쥔 셈이었습니다. 이제 장안으로 쳐들어가는 일만 남았습니다. 그런데 그해 여름 그는 악성종양으로 갑자기 죽고 말았습니다.

이정기는 49세의 짧은 생애 동안 독립된 왕국을 만들었습니다. 그는 생전에 황제라는 말까지 들었지만 자신이 직접 독립국을 세웠다고 선언하지는 않았습니다. 그런데 이정기의 지위를 물려받은 이납은 당나라가 그의 지위 계승을 인정하지 않자 당나라에 대한 공격을 계속하는 한편 782년 11월에 국호를 '제(齊)'라고 부르며 당나라로부터 독립 선언을 하고 스스로 왕위에 올랐습니다. 그는 신하들을 임명하고 온전한 나라의 모습을 갖춰 나갔습니다. 다른 번진들 가운데 기왕(冀王), 위왕(魏王), 조왕(趙王)을 칭하는 자들이 등장했습니다. 이렇게 여러 번진이 당나라에 대항하자 당나라 덕종(德宗, 742~805)은 자신의 잘못을 시인하고 절도사의 세습을 인정해 주었습니다. 당으로부터 번진의 독립성을 인정받자 이납 등은 스스로 왕이라 부르는 것을 철회하고 일단 당과의 전쟁을 끝냈습니다. 왕호를 철회한 것은 당의 침략을 받지 않기 위함이었을 뿐 당의 간섭을 받기로 한 것은 아니었습니다. 이납이 다스리는 땅은 독립국이나 다름없었습니다.

이정기에서 이납으로 권력이 계승되고, 이납이 792년에 죽자 그의 아들 이사고(李師古, ?~806)가 뒤를 이었습니다. 806년 이사고가 죽자 이복동생인 이사도(李師道, ?~819)가 지위를 계승했습니다. 819년 이사도가 피살되어 제나라가 멸망할 때까지 765년부터 4대 55년간 이정기의 자손들은 권력을 세습하는 독립된 국가를 이룩했던 것입니다.

이정기는 당나라가 시행한 '절도사에 의한 지방 통치' 제도의 가장 큰 수혜자였습니다. 그는 번진의 힘을 키워 당나라로부터 독립된 자신만의 왕국을 건설했습니다. 그는 공식적으로 당나라의 절도사였지만 그가 다스린 땅은 전쟁을 통해 스스로 확보한 것이며 당나라 정부가 준 것이 아니었습니다. 이정기는 독립된 왕국의 왕이나 다름없었으며 자신의 지위를 세습하기도 했습니다.

제 왕국은 발해와 사이가 좋아 발해로부터 많은 말을 구입하기도 했습니다. 발해와 활발한 무역을 하며 긴밀한 관계를 맺었습니다. 같은 고구려의 후예가 세운 나라라는 동질감 때문인지 확신할 수 없지만 신라와 그다지 사이가 좋지 못했던 것과는 대비됩니다. 비록 제 왕국은 완벽한 독립국가가 되지 못했지만, 고구려 유민들이 중국 대륙에서 또 하나의 나라를 세워 55년간이나 유지했다는 사실은 동아시아 전체 역사에서 주목받아야 할 일이라고 하겠습니다.

파미르 고원을 넘은 고선지

고구려와 백제 유민들 가운데에는 당나라에 자리를 잡고 이름을 날린 인물이 많습니다. 백제 유민인 흑치상지(黑齒常之, ?~689)는 당나라에서 양주자사가 되어 토번(吐蕃)과 돌궐(突厥)을 격퇴하는 데 공을 세워 연연도대총관 연국공(燕然道大總管 燕國公)이라는 높은 직위에 오르기도 했습니다. 그보다 더 유명한 인물로는 고구려 유민 출신의 고선지(高仙芝, ?~755)가 있습니다.

고선지의 아버지 고사계(高舍鷄)는 고구려 멸망 후 당나라로 끌려와 그곳에서 장군으로 활동했다고 합니다. 고선지도 스무 살에 유격장군이 되는 등 당나라 군인으로 성장했습니다. 그는 고구려에서 아주 멀리 떨어진 서역(西域: 중국의 서쪽에 위치한 나라를 일컫는 말) 일대에서 적과 싸워 공을 세우고 장군으로 출세합니다. 747년 그는 1만 군사를 이끌고 서역 원정에 나서 파미르 고원(Pamir 高原)을 넘어 힌두쿠시 산맥(HinduKush 山脈) 동쪽에 이르러 티베트 군대를 격파하고 파키스탄 북부의 소발률(小勃律)을 점령합니다.

서역 72개 나라의 항복을 받는 공을 세운 그는 750년 2차 서역 원정에 나서게 됩니다. 그는 우즈베키스탄의 사마르칸트와 타슈켄트 지역까지 쳐들어가 그곳의 나라를 점령했습니다. 이 공으로 그는 당나라에서 개부의동삼사(開府儀同三司)라는 최고의 직위를 받습니다.

그런데 당나라가 서쪽으로 세력을 넓히자 이슬람(Islam)을 신앙하는 사라센 제국(Saracen 帝國)이 당과 맞서게 되었습니다. 741년 고선지는 3만의 군사로 탈라스(Talas)에서 사라센 군대에 맞섰으나 카르룩 족(Qarluk 族)이 당나라군의 뒤쪽에서 반란을 일으킨 탓에 앞뒤로 공격을 받아 큰 패배를 당하고 맙니다.

탈라스 전투는 중국의 종이 만드는 기술자가 이슬람 세계로 건너가 제지 기술이 유럽까지 전해진 계기가 된 사건으로 유명합니다. 하지만 그보다는 이 전투를 계기로 당나라의 영토 확장이 끝나고, 당나라가 쇠퇴의 길로 접어들게 되었다는 것이 더 중요한 변화입니다. 또한 고선지도 이를 계기로 차츰 몰락하게 됩니다.

고선지는 755년 안녹산의 반란군을 격퇴하고 당나라 수도 장안을 지키는 공을 세웠지만 결국 모함을 받아 그해 참형을 당하고 맙니다. 한국사의 입장에서는 당나라의 충성스런 장수 고선지보다 독립된 왕국을 세운 이정기가 더 의미 있는 인물이라고 할 수 있습니다. 물론 고선지도 파미르 고원을 넘는 대원정을 성공시켰다는 점에서 세계사에서 의미가 큰 인물입니다.

멀리 보이는 파미르 고원의 웅장한 모습. 이 파미르 고원을 넘었던 고선지의 서역 원정은 이슬람을 비롯한 서양 세계에 제지 기술 등을 전하며 동서 문화 교류에 큰 영향을 끼쳤다.

몽골 제국을 쥐락펴락한 기황후

1231년 몽골의 대군이 고려로 쳐들어왔습니다. 고려는 몽골의 침략에 대항하여 수도를 강화도로 옮기며 수십 년간 항쟁을 하였지만 1270년 마침내 몽골에게 항복하고 말았습니다. 이후 고려의 왕들은 몽골의 칸(Khan: 몽고, 위구르 등지에서 군주를 이르던 말)의 사위가 되었고, 몽골의 공주들은 고려에 와서 고려 왕을 능가하는 엄청난 권력을 휘둘렀습니다.

몽골은 고려에게 많은 것을 요구했습니다. 자비령(慈悲嶺)과 철령(鐵嶺) 북쪽의 땅, 즉 오늘날 평안도와 함경남도 남부 지역 그리고 제주도를 빼앗아 직접 다스렸고 금과 은, 비단 등의 물자는 물론이고 환관과 공녀도 빼앗아 갔습니다. 특히 공녀는 몽골 궁정에 들어가 궁녀가 되기도 하고, 몽골 귀족들의 첩이 되기도 하고, 심지어는 노예로 팔리기도 했습니다. 고려가 보낸 공녀에는 신분이 낮은 사람들의 딸만이 아니라 귀족의 딸들도 포함

되었습니다. 이 때문에 고려에는 공녀로 끌려가지 않게 하기 위하여 딸을 어린 나이에 시집보내 버리는 '조혼(早婚)'이라는 새로운 결혼 풍속이 생겼습니다.

가족을 떠나 낯선 환경으로 향하는 여인들은 슬픈 운명을 예감하듯 눈물을 흘리며 고국을 떠났습니다. 하지만 이들 가운데 기자오(奇子敖, 1266~1328)의 딸만큼은 남들과 달랐습니다. 1333년 공녀로 끌려간 그는 고려 출신 환관 고용보(高龍普, ?~1362)의 추천으로 궁녀가 되었습니다. 그녀는 궁에 들어가서 몽골 제국의 토곤테무르 칸[妥懽怗睦爾 Khan, 1320~1370: 원나라의 마지막 황제인 순제)의 사랑을 받게 되었습니다. 그러자 황후인 타나실리[答納失理, ?~1335]가 그녀에게 매질을 가하고 인두로

고려 고종 때 설치된 일종의 특수 부대인 삼별초(三別抄)는 강화도에서 진도, 제주도로 근거지를 옮기며 원나라의 간섭에 맞서 항전하였다. 사진은 삼별초가 최후로 싸웠던 제주도의 항파두리성 항몽유적지 모습.

살을 지지는 등 매우 학대를 했습니다.

하지만 1335년 타나실리 일족이 반란을 일으키다가 실패해 황후도 벌을 받아 죽고 말았습니다. 그러자 칸은 기씨를 황후로 삼고자 했으나 이번에는 강한 권력을 가진 메르키트 족(Merkit 族)의 바얀[伯顔]이란 자가 몽골 족이 아니면 황후가 될 수 없다고 반대했습니다. 결국 몽골의 옹기라트(Onggirat) 부족 출신의 바얀 후투그[伯顔忽都]가 황후로 정해졌습니다. 바얀 후투그는 성품이 어질고 조용한 성격이어서 남 앞에 나서는 일이 없었다고 합니다.

한편 기씨는 1338년 토곤테무르 칸의 아들인 아이유시리다라[愛猷識里答臘, 1338~1378]를 낳았습니다. 그리고 1339년 메르키트 바얀이 권력을 잃자 마침내 토곤테무르 칸의 제2황후로 책봉될 수 있었습니다.

황후가 되자 그녀는 자신을 도와준 고용보를 자정원사(資正院使)라는 벼슬에 앉혀 왕실의 재정을 장악했습니다. 막대한 왕실의 자금을 가진 기황후는 이를 바탕으로 권력을 휘두르기 시작했습니다. 1353년에는 황제를 압박하여 자신의 아들인 아이유시리다라를 황태자의 자리에 오르게 하였고, 같은 고향 출신인 환관 박불화(朴不花)를 동지추밀원사(同知樞密院事)에 임명해 군사권도 장악하게 되었습니다.

기황후가 원(元)나라 정치를 쥐락펴락하게 되자 고려에 남은 그녀의 가족들도 덩달아 득세하기 시작했습니다. 원나라에서는 그녀의 아버지 기자오를 영안왕(奇子敖, 1266~1328), 부인을 왕대부인(王大夫人)으로 높여 주었습니다. 또한 그녀의 오빠인 기철을 원나라의 참지정사로, 기원을 한림학사로 임명했습니다. 그러자 고려에서도 이들을 덕성부원군(德城府院君),

덕양군(德陽君)에 봉할 수밖에 없었습니다. 기씨 황후의 오빠 기철은 고려에서 왕에 버금가는 권력을 누릴 수 있게 되었습니다. 그런데 기씨 집안사람들은 원나라의 힘을 고려를 위해 유익하게 쓰기보다는 자신들의 이익을 얻는 일에 이용했습니다. 기황후도 가족들을 위해 고려에 대한 내정 간섭을 지나치게 했습니다. 고려의 왕은 기씨 집안의 눈치를 볼 수밖에 없었습니다.

그들의 악행은 결국 공민왕(恭愍王, 1330~1374)*이 왕이 된 후 원나라의 힘이 약해진 틈을 타 1356년 기철 일행을 비밀리에 제거하는 것으로 끝이 났습니다. 그러자 기황후는 오빠와 가족을 죽인 공민왕을 제거하기 위해 충선왕(忠宣王, 1275~1325)의 셋째 아들 덕흥군(德興君)을 왕으로 세우려고, 1364년 1만의 군대로 고려를 침공하게 하였으나 이때는 이미 원나라의 힘이 약해졌고 고려가 원나라 군대를 잘 막아내어 실패로 그쳤습니다.

고려의 입장에서 본다면 기황후는 매우 껄끄러운 존재였던 셈입니다. 물론 고려 여인이 원나라의 황후가 되어서 좋은 점도 있었습니다. 80년간 지속된 공녀 징발이 금해진 것도 이 시기였고, 고려를 원나라의 일개 지방 행정 단위인 행성(行省)으로 만들자는 주장인 입성론(立省論)이 사라진 것도 이때였습니다.

기황후는 이제 고려에 큰 영향력을 발휘하기 어려웠습니다. 대신 자신의 아들을 칸으로 만들기 위해 권력을 휘둘렀습니다. 그녀는 남편 토곤테

공민왕 고려의 제31대 왕으로 제27대 충숙왕의 둘째 아들이다. 제29대 충목왕이 즉위할 때 강릉대군(江陵大君)에 봉해졌다. 즉위한 후 원나라 배척 정책을 펼쳐 몽골풍, 몽골 연호, 관제를 폐지했다. 쌍성총관부를 폐지하고 영호를 회복하였다. 그리고 신돈을 등용해 개혁 정치를 펼쳤다.

무르 칸에게, 칸의 지위를 장성한 황태자에게 물려줄 것을 요청하기도 했습니다. 하지만 토곤테무르 칸은 이를 거부했습니다.

결국 황태자 반대파와 지지파 사이에 내전이 일어났는데 반(反)황태자파 지도자 볼루드 테무르가 1364년 수도 대도(大都)를 점령했을 때 기황후는 포로로 잡히기도 했습니다. 하지만 황태자 지지자인 코케 테무르가 1365년 대도를 회복하면서 이 사건은 마무리되었습니다. 기황

기황후의 초상으로 추정되는 그림. 기황후의 득세로 원나라의 공녀 징발과 같은 악법(惡法)이 사라졌다는 장점도 있었지만 고려 내에서 기황후의 일가가 사리사욕을 채우기 위해 권력을 휘두르는 부작용도 있었다.

후는 당장 아들을 황제로 만들지 못했지만 1365년 제1황후가 죽자 그 자리에 올라섰습니다. 그녀는 남편에 버금가는 권력을 누리고 있었습니다.

그런데 1368년 주원장(朱元璋, 1328~1398)이 세운 명(明)나라의 군대가 몽골 제국의 수도 대도를 점령하자 칸과 기황후는 피난을 가야 했습니다. 이들은 결국 몽골 제국의 본래 수도인 카라코룸(Kharakorum)으로 피난을 갔습니다. 1370년 남편이 죽자 그녀의 아들 아이유시리다라가 새로운 칸이 되었습니다. 명나라에 의해 북쪽으로 밀려난 몽골 족의 나라를 북원(北元)이라고 하는데, 여기에 대한 기록은 많지 않아 기황후의 최후도 제대로 알려져 있지 않습니다.

그녀는 우리 역사상 가장 강력한 권력을 휘두른 여성이라고 할 수 있습니다. 비록 공녀의 신분으로 남의 나라에 끌려갔지만 그곳에서 도리어 자신을 끌고 간 자들을 부려 먹는 최고 권력자가 되었기에 그녀가 매우 특별한 인물임에 분명합니다. 당시 세계 최대의 국가인 몽골 제국의 황후가 된 그녀는 긍정적이든 부정적이든 14세기 말 몽골 제국과 고려 역사에 큰 영향을 끼친 인물이었습니다.

고려와 몽골에 퍼진 몽골풍과 고려양

100년 넘게 몽골의 간섭을 받은 고려에는 몽골의 관복, 언어, 음식 문화, 풍속 등이 전해졌습니다. 그래서 몽골의 풍습을 따라 하는 것을 '몽골풍(蒙古風)'이라고 불렀습니다. 장사치나 벼슬아치 등에 붙이는 '치'나 '아치' 등의 몽골 어, 앞머리를 깎고 뒤로 머리를 땋아 내리는 변발(辮髮), 여자 머리에 족두리를 하거나 얼굴에 연지를 찍는 풍습이 대표적인 몽골풍이라고 할 수 있습니다.

반대로 기씨 황후가 권력을 장악하자 원나라에서는 고려의 풍속이 크게 유행하기 시작하였습니다. 이를 '고려양(高麗樣)'이라고 합니다. 원나라 고위층들을 중심으로 고려의 복식과 음식들이 유행하기 시작했고 명문가에 속하려면 고려 여자를 아내로 맞아야 한다는 생각이 퍼졌던 것입니다.

현재 몽골에서는 고려 만두, 고려 병(餠: 떡), 고려 아청(鴉靑: 검푸른색 안료)이란 용어가 남아 있는데 이는 몽골에 만두, 떡 등 고려의 음식 문화가 전해졌기 때문입니다. 또 고려 여인들의 화장술이나 반지 끼는 치장을 몽골 여인들이 따라하기도 했습니다.

현재 우리나라는 세계적으로 유명한 학교에 유학을 가는 게 흔한 일이 되었고 그만큼 교육열이 높은 나라로 유명합니다. 우리나라 사람들의 높은 교육열은 오랜 옛날부터 유래된 듯합니다.

인도에서 발원한 불교가 중국을 거쳐 4세기 말 고구려, 백제에 전파된 이후로 많은 스님들이 불교를 배우기 위해 중국은 물론 머나먼 인도까지 방문했습니다. 그 먼 거리를 육로로 여행한 이들도 있고, 험한 바다를 건너간 사람들도 있습니다. 고려 시대에 세계적인 문화유산인 팔만대장경이 만들어질 수 있었던 것은 불교를 배우기 위해 외국에 다녀온 구법승들이 있었기 때문입니다.

불교만이 아닙니다. 유학자들도 유교의 발원지인 중국으로 건너가 그들의 학문을 배우고 온 이들이 많았습니다. 특히 8~10세기 신라인들은 대거 당나라로 건너가 유학을 배워 왔습니다. 요즘 미국 등으로 해외 유학을 떠나듯 당시 신라인들도 당나라로 유학을 떠났던 것입니다.

물론 공부를 하러 외국에 갔다가 돌아오지 못한 사람들도 있지만 그들 가운데에는 현지의 불교나 유학 발전에 기여한 이들도 많았습니다. 더 많은 공부를 위해 수고로움을 마다하지 않은 사람들이 있었기 때문에 우리나라의 학문이 발전할 수 있었던 것입니다. 그러면 어떤 사람들이 외국에 다녀왔는지를 알아보도록 하겠습니다.

제2부

공부를 위해
외국에 나간 사람들

북중국 불교 발전에 기여한
승랑 스님

　　승랑(僧朗, 450~?) 스님은 5세기 고구려 장수왕 시절에 요동 땅에서 태어났습니다. 그는 어려서부터 총명하고 배우기를 좋아했습니다. 승랑이 성장할 당시 고구려에는 불교가 낯선 종교였습니다. 372년 북중국의 전진에서 온 순도(順道) 스님이 불상과 불교 경전을 전해 주었고, 375년 초문사(肖門寺)와 이불란사(伊弗蘭寺), 두 절이 세워지기는 했지만 대부분의 고구려인들은 불교보다는 예로부터 믿어 오던 하늘신(神)을 신앙하기를 좋아했습니다. 그런 탓에 고구려에서는 불교가 깊게 연구되지 못했습니다. 승랑은 고구려에서 불교를 배운 것에 만족하지 못하고 더 넓고 깊게 공부하고자 했습니다.

　　"이 땅에서는 불교를 더 깊이 배울 수가 없구나. 불교를 더 깊이 연구한 나라에 가서 불교를 배워서 우리 고구려에도 부처님의 말씀을 널리 전해야겠다."

승랑은 이렇게 다짐하고 고구려를 떠났습니다. 이때 그의 나이는 30세 정도로 대략 480년경의 일이었습니다. 승랑은 고구려를 떠나 북중국의 중심인 장안에 이르렀습니다.

장안은 옛날 한나라의 수도로 불교가 특히 널리 퍼진 곳이었습니다. 그는 그곳에서 불교의 중요한 이론인 반야(般若) 사상, 화엄(華嚴) 사상, 중도(中道) 사상* 등을 배웠습니다.

그는 이해 능력이 대단했습니다. 승랑은 스스로 자신의 능력에 대해 이렇게 말했습니다.

"천성이 널리 배우기를 즐기고 생각의 능력도 좋아서 읽어 본 경론은 모두 강의할 수 있고 특히 화엄경과 삼론에 가장 익숙하다."

승랑은 특히 삼론학(三論學)을 열심히 공부했습니다. 삼론학이란 인도의 불교 이론가인 용수(龍樹)란 자가 만든 '중론(中論)', '십이문론(十二門論)', 그의 제자가 만든 '백론(百論)', 이렇게 세 가지 글을 중심으로 만들어진 불교의 한 학설입니다. 이를 구마라습(鳩摩羅什, 344~413)이란 스님이 5세기 초 중국에 소개했는데 승랑이 활동하던 시기에는 아직 제대로 연구되지 못한 상태였습니다. 당시에는 불교의 최신 이론이었던 것입니다.

승랑은 삼론학을 더 배우기 위해 당시 불교가 크게 발전한 중국의 서쪽인 돈황(敦煌)이란 곳까지 갔습니다. 당시 돈황에서는 장차 세계적인 문화

반야 사상, 화엄 사상, 중도 사상 반야 사상은 반야 경전을 근본으로 사물의 실상을 파악하고자 하는 불교 사상이다. 화엄 사상은 석가모니의 깨달음을 설법한 경문인 『화엄경』을 주요 경전으로 삼아 가르침을 전하는 사상이며, 중도 사상은 어느 한쪽에 치우치지 않는 바른 도리를 찾고자 노력하는 불교 사상이다.

유산이 될 석굴 사원(石窟 寺院)이 한창 공사중이었습니다. 승랑은 이곳에서 담경이란 스님에게 불교를 배웠습니다. 불교를 더 깊이 배우기를 원했던 승랑은 당시 불교가 번성하던 양자강 유역에 위치한 제나라의 금릉으로 갔습니다. 승랑은 금릉에만 머물지 않고 회계산(會稽山), 종산(鍾山) 등 불교를 공부하기 위해서라면 어디든지 가서 배웠습니다.

이 과정에서 승랑의 공부는 깊어 갔습니다. 마침내 승랑은 다른 사람에게 자신이 공부한 삼론학을 가르치게 되었습니다. 특히 종산의 초당사(草堂寺)에서 주옹(周顒)이란 선비는 승랑을 스승으로 모시고자 간절히 청했습니다. 승랑은 그에게 삼론학을 가르쳐 주었고, 주옹은 승랑에게 배운 바를 『삼종론(三宗論)』이라는 책으로 만들어 세상에 내놓았습니다. 주옹의 노력 덕분에 승랑의 업적은 널리 알려지게 되었습니다.

승랑은 서기 500년 섭산(攝山)이란 곳에 있는 절, 서하사(棲霞寺)에서 삼론학을 가르치게 되었습니다. 그가 서하사에서 설교를 시작하자 곳곳에서 많은 신자와 배우려는 스님들이 찾아왔습니다.

"승랑 스님의 말씀은 순하고 깨끗하고 맑아서 법문을 들으면 쉽게 이해할 수 있어서 좋아."

"그러니까 너도나도 들으려고 하지. 이런 늦었어. 벌써 1,000명은 모였겠는걸. 빨리 가 보세."

승랑이 설교를 할 때면 늘 1,000명 이상이 붐비고 서로 땀을 흘리면서 꿇어앉았는데 이렇게 강의를 들어도 불평하는 사람이 아무도 없었습니다. 산속 절에서 시작된 승랑의 가르침은 양(凉)나라 수도에도 퍼졌고, 마침내 양나라 **무제(武帝)*** 임금도 승랑의 이름을 알게 되었습니다. 512년 무제는

승랑을 초청하여 그에게 삼론학을 배웠습니다. 뿐만 아니라 양나라에서 선발된 우수한 10명의 승려로 하여금 승랑에게 배우도록 했습니다. 이제 승랑이 가르친 삼론학은 하나의 종파인 삼론종(三論宗)으로 성립되어 불교 발전의 큰길을 열었습니다. 제자들은 승랑의 뒤를 이어 삼론종을 더욱 발전시켰습니다. 승랑 스님이 서하사에서 설교를 한 이후의 삶에 대해서는 더 이상 알려진 바가 없습니다.

하지만 그가 가르친 삼론종은 중국, 일본 등 동아시아에 널리 퍼졌습니다. 삼론종을 일본에 전한 스님은 고구려의 고승인 혜관(慧灌)으로, 그는 일본 삼론종의 시조가 되었습니다. 고구려 도징(道澄) 스님도 일본에 가서 삼론종을 가르쳤습니다. 삼론종은 고구려 스님들에 의해 크게 발전하게 되었습니다. 승랑 스님은 한국과 중국, 일본 3국의 불교 발전에 큰 공을 세운 사람입니다. 인류 지혜의 산물인 종교와 학문 등을 발전시키는 일에 국적은 큰 의미가 없는 것입니다.

무제 502년 중국 남제를 멸망시키고 양나라를 세운 초대 황제이다. 약 50년 동안 나라를 다스렸는데 불교를 융성하게 발달시켜 불교 사상의 황금시대를 열었지만 정치적으로는 안정되지 못했다. 548년 후경(侯景)의 반란으로 세상을 떠났다.

돈황 석굴 벽화에 그려진 고구려 사람들

승랑 스님이 방문했던 돈황은 중국에서 서역으로 가는 길목에 위치한 곳으로, 중국에서 인도로 가는 스님들이 거쳐야 하는 곳이기도 합니다. 돈황이 유명한 이유는 강줄기 계곡을 따라 뻗은 명사산(鳴沙山)에 366년부터 1200년대까지 1,000여 년 동안 사람들이 인공적으로 만든 1,000여 개의 석굴인 막고굴(莫高窟)이 있기 때문입니다. 세계 최대의 석굴 사원이기도 한 막고굴에서는 천불동(千佛洞: 1,000개의 부처님을 모신 동굴)이라 불릴 만큼 많은 불상 그리고 돈황 문서(敦煌 文書)라 불리는 고문헌, 다양한 벽화가 발견되었습니다.

그런데 돈황 9호 굴, 138호 굴, 220호 굴, 237호 굴, 335호 굴에는 새

중국 3대 석굴 사원 중 하나인 돈황 막고굴의 모습. 돈황은 중국 영토의 끝자락, 서역의 시작점에 위치한 오아시스 도시였기 때문에 오랜 옛날부터 많은 사람들이 드나드는 도시였다. 덕분에 돈황은 당나라 때까지 번영을 누릴 수 있었다.

의 깃털을 꽂은 모자인 조우관(鳥羽冠)을 쓴 사람의 모습이 보입니다. 조우관은 삼국 시대 사람들이 사용하던 대표적인 모자입니다. 642년에 만들어진 220호 굴, 686년에 만들어진 335호 굴 등에 그려진 조우관을 쓴 주인공은 고구려인, 8세기에 만들어진 237호 굴에 그려진 사람은 통일신라인일 가능성이 높습니다. 8세기 신라의 혜초 스님 등이 이곳을 지났기 때문에 335호 굴에 신라인이 그려진 것이라고 추측이 됩니다.

반면 고구려인이 이곳에 그려진 것은 승랑 스님이 방문한 탓도 있겠지만 7세기 고구려가 당나라와 맞서기 위해 서역 나라들에게 사신을 보낸 탓도 이유가 될 것입니다. 고구려는 강국(康國)이란 나라에 사신을 보냈는데 이들이 도착한 것은 돈황보다 더 서쪽인 우즈베키스탄에 위치한 사마르칸트라는 곳입니다. 사마르칸트에서 발견된 아프라시압 궁전의 벽화에는 650~660년경 이곳을 방문한, 조우관을 쓴 고구려 사신 2명의 모습이 그려져 있기도 합니다. 남아 있는 벽화를 통해 고구려, 신라인의 활동 범위가 대단히 광범위했음을 알 수 있는 것입니다.

부처님의 나라,
인도에 간 겸익과 혜초

불교를 탄생시킨 부처님의 나라 인도는 아주 머나먼 나라입니다. 따라서 인도에서 탄생한 불교는 우리나라보다 먼저 중국에 전해졌습니다. 중국에서는 구마라습을 비롯한 여러 고승들이 인도에서 범어(梵語)*로 쓴 불경을 한자로 번역했습니다. 중국식으로 번역된 불교 경전이 고구려와 백제로 전해졌고, 신라는 고구려로부터 불교를 전해 받았습니다. 따라서 불교의 본래 가르침과 다른 것도 있었고 그 내용도 풍부하지 못했습니다. 그래서 우리 조상들은 불교를 더 제대로 알기 위해 직접 인도로 가기도 했습니다.

가장 먼저 인도를 방문한 사람은 백제의 겸익(謙益, ?~?) 스님입니다. 겸익은 **무령왕**(武寧王, 462~523)*, 성왕(聖王, ?~554) 때에 활동한 스님입니다. 384년 불교가 백제에 전해진 후 100여 년이 지난 6세기 초 백제 불교는 위기에 처했습니다. 그것은 475년에 일어난 사건 때문이었습니다. 이 해에 백제는 고구려에게 굴욕적인 패배를 당한 바 있습니다. 그런데 그 원인이 고구려 승려 도림(道琳)이 첩자로 활동하며 개로왕(蓋鹵王, ?~475)*에게 접근해 백제의 국력을 탕진시켰기 때문입니다. 스님이 간첩 활동을 해 백제를 위기로 몰아넣었다는 사실은 불교에 대한 백제 사람들의 신뢰를 떨어뜨린 이유가 되었습니다.

475년 도읍을 한성(漢城)에서 웅진(熊津)으로 천도(遷都: 수도를 옮기는 일)하는 등 나라가 혼란스러웠습니다. 이때 백제인의 마음을 하나로 모을 역할을 해야 할 불교로서는 큰 변화가 필요했습니다. 그래서 백제의 스님들은 스님이라면 지켜야 할, 자기를 수양하는 규칙인 계율(戒律)을 굳게 지키고 불교 본래의 자세로 돌아가고자 했습니다. 당시 백제는 불교가 발전한 남중국의 양나라와 교류가 잦았습니다. 하지만 겸익 스님은 양나라가 아닌 인도로 향했습니다. 그것은 인도에서 불교 본래의 가르침을 제대로 배워서 백제 불교를 바꾸기 위함이었습니다.

백제에서 인도로 가려면 배를 타고 몇 개월을 꼬박 가야만 했습니다. 인

범어 산스크리트 어(Sanskrit 語)라고도 하며 고대 인도의 표준 문자 언어이다. 지식 계급에서 사용되었던 고급 문자이며 주로 종교, 철학, 문학 등에 대한 지식을 기록할 때 사용되었다.

무령왕 백제 제25대 왕이다. 무령왕 즉위 당시 백제는 고구려에게 한강 유역을 빼앗기고 나라에 전염병이 도는 등 큰 혼란에 빠져 있었다. 무령왕은 고구려를 공격해 남하를 막고 중국 양나라와 친교를 맺어 국방을 재정비하였다. 그리고 흉년과 전염병으로 궁핍해진 백성들의 생활을 돌보기 위한 정책을 펼치는 등 나라의 안정을 위해 힘썼다.

개로왕 백제 제21대 왕이다. 『삼국사기』에 개로왕과 도림에 대한 흥미로운 이야기가 전해진다. 장수태왕의 명을 받은 첩자 도림은 바둑을 무척 좋아하는 개로왕에게 접근하여 바둑으로써 친분을 쌓고 호감과 신뢰를 얻어내었다. 그리고 대규모 토목 사업을 벌이도록 꼬드기는 등 백제의 국력을 소진하게 만드는 데 성공했다. 결국 고구려는 손쉽게 백제를 공격할 수 있었고, 장수태왕의 공격을 받은 개로왕은 목숨을 잃었다.

도까지 왕래는 불가능한 것이 아니었습니다. 511년 양나라 스님 혁건(絖蹇)이 바닷길을 통해 인도에 간 적이 있었습니다. 또 백제도 543년 현재의 캄보디아인 부남(扶南)과 교역한 바 있고, 554년에는 북인도 지방에서 생산되는 양털로 만드는 '탑등'이란 양탄자를 외국에 보낼 만큼 동남아시아나 인도와 활발히 왕래한 나라였습니다. 따라서 백제인의 뛰어난 항해술을 알고 있던 겸익 스님이 인도로 직접 찾아가려는 뜻을 품을 수 있었던 것입니다. 겸익 스님은 510년대에 백제에서 양나라로 배를 타고 간 후 그곳에서 다시 인도로 향했습니다.

그는 불교의 수행자가 지켜야 할 법인 계율을 공부하겠다는 굳은 의지

국보 제287호 백제금동대향로에 새겨진 코끼리의 모습. 당시 백제인이 코끼리의 존재를 알고 있었다는 것은 백제와 동남아시아 국가 사이에 왕래가 잦았다는 사실을 증명하고 있다.

로 험난한 여행 끝에 중인도 상가나대률사(常伽那大律寺)에 도착했습니다. 상가나대률사는 인도 제일의 사찰인 나란타(Nālandā) 사원으로 추정되고 있습니다. 이곳은 427년에서 1197년까지 불교 연구의 중심지로 수천 명의 승려가 모인 불교 대학이기도 했습니다. 겸익은 인도 글을 5년간 익혀 인도어도 자유롭게 구사할 수 있게 되었습니다. 이를 바탕으로 불교 계율을 완전히 배울 수 있었습니다.

약 10여 년의 세월이 흐른 후 마침내 526년 겸익 스님은 백제로 돌아왔습니다. 게다가 인도의 배달다삼장(倍達多三藏) 스님과 함께 인도 글로 쓰인 『아비담장(阿毘曇藏)』과 『오부율(五部律)』 등의 불교 경전을 가지고 왔습니다. 그가 귀국하자 백제 성왕은 성문 밖까지 나와서 성대하게 환영해 주었습니다.

겸익과 배달다삼장 스님은 흥륜사(興輪寺)란 절에 머물며 백제에서 유명한 스님 28명과 함께 그가 가져온 불경을 번역하기 시작했습니다. 이로써 백제는 중국에서 수입한 불교가 아닌 인도 불교를 직접 배우게 되었습니다. 겸익의 활동 덕분에 백제의 불교는 크게 발전했고 그 수준 또한 높아지게 되었습니다. 뿐만 아니라 한국 불교 발전에도 기여했습니다.

아쉬운 것은 겸익 스님이 가져온 불경과 그 번역본이 1500년의 세월이 지나는 동안 사라져 버렸다는 것입니다. 다만 충청남도 부여군 성흥산에 위치한 대조사(大鳥寺)에는 겸익 스님과 관련된 전설이 전해져 오고 있어, 백제 불교 발전에 큰 공을 세운 그를 기억해 주고 있습니다.

혜초 스님의 『왕오천축국전』

최초로 인도에 다녀온 겸익 스님보다 더 유명한 스님이 있습니다. 그가 바로 혜초 스님입니다. 혜초 스님이 유명해진 것은 20세기 초 중국 서부 돈황에 있는 석굴 안에서 엄청난 기록들이 발견되었는데 이 가운데 혜초 스님이 쓴 『왕오천축국전(往五天竺國傳)』이 있었기 때문입니다.

혜초 스님은 겸익 스님보다 약 200년 후에 인도를 다녀왔습니다. 그는 겸익 스님과 달리, 당나라에서 출발하여 육로로 파미르 고원을 넘어 중앙아시아를 지나 북인도까지 갔다가 727년 당나라 장안으로 돌아왔습니다. 그의 여행기가 담긴 『왕오천축국전』이 발견된 덕분에, 그의 험난한 여행길이 잘 알려지게 되었습니다. 다만 혜초 스님은 인도에서 돌아온 이후에도 당나라에 머물면서 신라로 돌아가지 않았고 787년 당나라에서 숨을 거두었습니다. 하지만 그가 남긴 여행기는 8세기 초의 인도와 중앙아시아 등을 이해할 수 있는 귀중한 책으로 평가받고 있답니다.

프랑스 학자 폴 펠리오는 돈황 석굴에서 혜초 스님의 『왕오천축국전』을 발견했다. 이 책의 원전은 3권이지만 그가 발견한 것은 요약본이며 이마저도 온전하지 못했다. 현재 파리 국립박물관에 소장되어 있다. 사진은 펠리오가 돈황 석굴을 조사하고 있는 모습.

인도에 다녀온 스님들

겸익이 인도를 방문한 뒤로 삼국 시대의 스님들이 줄을 이어 인도에 다녀왔습니다. 『해동고승전(海東高僧傳)』에는 신라 스님 아리야발마(阿離耶跋摩), 혜업(慧業), 혜륜(慧輪), 현각(玄恪), 현태(玄太), 고구려 스님 현유(玄遊) 등이 인도에 다녀왔다는 기록이 실려 있습니다. 인도로 가는 길은 멀고 매우 힘들었습니다. 인도로 가다가 병이 나서 죽은 스님도 있었고 괜한 죽임을 당하는 경우도 있습니다. 인도까지 갔다가 살아서 돌아오는 경우가 많지 않았던 것입니다. 그럼에도 불구하고 불교를 제대로 공부하고자 하는 열정과 모험심 등이 있었기에 삼국 시대 말부터 우리나라 불교는 크게 발전할 수 있었습니다.

인도는 불교의 발상지이지만 현재 인도 국민의 대다수가 힌두교를 믿고 있다. 그 외에 이슬람교도가 많으며 불교 신자는 인도 인구의 1% 미만을 차지하고 있다. 사진은 힌두교의 신 가네시의 모습.

글솜씨 하나로
당나라를 놀라게 한 최치원

868년 12세의 최치원(崔致遠, 857~?)은 울산항에서 배를 기다리고 있었습니다. 그는 상선을 타고 바다를 건너 당나라로 유학을 떠나려고 한 것입니다. 어려서부터 총명하고 학문을 좋아한 최치원에게 그의 아버지는 "10년 안에 과거에 급제(及第: 시험에 합격함)하지 못하면 내 아들이 아니다. 가서 힘써 노력해라!"라고 당부했습니다. 당시 당나라는 요즘의 미국처럼 세계에서 가장 학문과 문화가 발전한 나라였습니다. 732년 신라가 당나라를 도와 발해를 공격한 이후로 당나라와 신라는 매우 사이가 좋았습니다. 이때 많은 신라인들이 불교와 유학을 배우기 위해 당나라로 건너갔습니다. 최치원도 유학을 배우러 당나라로 간 것입니다.

최치원은 열심히 공부하여 유학을 한 지 6년 만인 874년 당나라 빈공과(賓貢科) 시험에 단번에 급제해 벼슬길에 올랐습니다. 이때 당나라에서는 소금 장수 출신의 황소(黃巢, ?~884)라는 자가 반란을 일으켜 875년부터 884년까지 당나라를 혼란에 빠뜨렸습니다. 881년 최치원은 당나라 토벌군의 서기 임무를 맡아 전쟁터에 나가게 되었습니다. 최치원은 이때 황소의 죄를 꾸짖고 항복할 것을 권하는 '토황소격문(討黃巢檄文)'이라는 글을 지었습니다.

"……하늘이 아직 나쁜 자를 놓아두는 것은 복되게 하려는 것이 아니고, 그 죄악이 짙어지기를 기다려 벌을 내리려는 것이다. 지금 너는 간사함을 감추고 흉악함을 숨겨서 죄악이 쌓이고 재앙이 가득하였음에도 그 위험한 것을 편안한 것이라 착각하고 돌이킬 줄을 모르니, 제비가 장막 위에도 집을 짓고 장막이 불타오르는데도 제멋대로 날아드는 것과 같고, 물고기가 솥 속에서 놀고 있지만 바로 삶아지는 꼴을 당하는 것과 마찬가지이다……."

글을 읽던 황소가 자기도 모르게 침상에서 내려앉았다는 이야기가 전할 만큼 그의 문장은 매우 뛰어났다고 합니다.

당나라에서 관리로 활동하던 그는 28세가 되던 885년 귀국하게 되었습니다. 귀국한 후 그는 신라에서 한림학사 병부시랑 지서서감(翰林學士 兵部侍郎 知瑞書監)이란 벼슬을 하면서 자신의 배운 바를 펼칠 생각이었습니다. 이때 신라에서는 각지에서 반란이 일어나 **궁예**(弓裔, ?~918)*와 **견훤**(甄萱, 867~936)* 등이 각기 독립된 나라를 세우는 등 점점 나라가 위태로워졌습니다.

894년 최치원은 진성여왕(眞聖女王, ?~897)에게 당시 현실을 개혁하기 위한 10여 개 항목의 의견을 작성해 제출했습니다. 진성여왕은 그의 의견을 기쁘게 생각하고 그를 6위 등급인 아찬(阿飡)으로 승진시켰습니다. 하

궁예 후고구려를 건국한 왕이다. 관제를 정비하고 강원, 경기, 황해를 점령, 남서해 해상권도 장악했다. 몰락한 진골 귀족의 후예로, 신라 제47대 헌안왕 또는 제48대 경문왕의 아들이라고도 한다. 그러나 신라를 멸도(滅都)라 일컫게 하고, 투항한 신라인을 모조리 죽이는 등 전제군주로서 횡포가 심했다.

견훤 후백제의 제1대 왕. 본성은 이(李) 씨이고, 전주 견씨의 시조이다. 효공왕 4년(900)에 완산을 도읍으로 정하고 후백제를 세웠다. 궁예의 후고구려와 충돌하며 세력 확장에 힘썼으나 차츰 형세가 기울자 936년 고려에 항복하였다.

골품제 혈통에 따라 신분을 나눈 제도이다. 왕족은 성골(聖骨)과 진골(眞骨)로, 귀족은 6두품, 5두품, 4두품으로, 평민은 3두품, 2두품, 1두품으로 나누었다. 이러한 신분의 구분으로 관직 진출의 한계를 두었으며, 의복의 색과 장식에 차별을 두거나 가옥의 규모를 제한하는 등 사회생활 전반에 걸쳐 규제하였다.

지만 최치원은 신라 최고 귀족인 진골(眞骨)이 아니라 6두품 출신이었습니다. 신라는 철저한 **골품제(骨品制)*** 사회로, 타고난 골품이 진골이 아니라면 5위 이상의 벼슬을 할 수 없었습니다.

'사산비명'은 최치원이 지은 비문 가운데 불교문화, 한문학, 역사 등 여러 면에서 가치가 높은 네 편을 이르는 말이다. 그중 하나인 쌍계사 진감선사대공탑비(雙磎寺眞鑑禪師大空塔碑)는 국보 제47호로 지정되어 있다.

따라서 최치원은 사회의 개혁을 이룰 만큼 높은 벼슬을 얻을 수가 없었습니다. 게다가 그를 의심하고 시기하는 사람들이 많아 그의 개혁안은 시행되지 못했습니다. 최치원은 마침내 중앙 정부에서 벗어나 대산군 태수(大山郡 太守)가 되었다가 얼마 후 벼슬을 버리고 다시는 벼슬을 하지 않겠다고 결심했습니다. 그는 전국을 돌아다니며 책 속에 묻혀 살다가 가야산 해인사(海印寺)에서 생을 마감했습니다.

신라 말 최고의 문장가였던 그는 쌍계사 진감선사 대공탑비, 성주사 낭혜화상 백월보광탑비, 대숭복사비, 봉암사 지증대사 적조탑비 등 이른바 '사산비명'이라 불리는 4개의 비문에 명문장을 썼습니다. 이 글들은 그의 문집인 『계원필경(桂苑筆耕)』을 통해 전해오고 있습니다.

최치원은 당나라에서 많은 공부를 하고 돌아왔지만 신라를 개혁시키지는 못했습니다. 그는 신분상의 한계를 뛰어넘지 못하고 불운한 생애를 마감하고 말았습니다. 하지만 그는 신라의 학문 수준을 크게 발전시킨 인물로 평가되고 있습니다. 최치원은 유교는 물론 불교와 도교에도 폭넓은 지식을 갖추었기 때문에 고려와 조선의 학자들은 그를 우리나라 유학을 발전시킨 첫 번째 인물로 받들었습니다. 또한 오늘날에도 우리나라 명문장가의 시조, 한문학의 시조가 되는 조상으로 받들고 있습니다.

최승우와 최언위

당나라에 유학을 다녀온 자들 가운데 문장가로 이름을 날린 최치원, 최언위(崔彦撝, 868~944), 최승우(崔承祐, ?~?)를 일컬어 '3최'라고 불렀습니다. 이들 세 명은 모두 6두품 출신의 경주 최씨로 저마다 배움이 뛰어났던 인물들입니다.

최승우는 최치원에 비해 22년이 지난 890년에 당나라 유학을 가서 당나라 교육 기관인 국학(國學)에서 3년간 공부한 후 893년 빈공과에 합격하여 관리를 지냈는데, 최치원과 많은 점에서 닮았습니다. 그는 귀국한 후 자신이 배운 것을 펼치기 위해 노력했지만 신라가 이미 쇠약해졌음을 알고 새로 건국한 견훤의 요청을 받아 후백제(後百濟)에서 관리로 활동했습니다. 그는 927년 후백제에서 고려에 보내는 국서를 작성하는 등 활약하다가 후백제가 멸망할 무렵 역사에서 사라져 버렸습니다.

최치원의 사촌 동생인 최언위는 868년에 태어나 885년 당나라에서 유학하여 문과에 급제한 뒤 909년에 귀국했습니다. 그는 신라에서 집사성시랑 서서원학사(執事省侍郎 瑞書院學士)라는 벼슬을 하며 지내다가 고려로 가서 태자를 가르치는 스승이 되었습니다. 그는 글을 매우 잘 썼기 때문에 궁궐의 건물 이름들은 모두 그가 지었다고 합니다. 그는 고려에서 학문을 담당하는 한림원(翰林院)에서 근무하다가 944년에 죽었습니다.

신라 말 3명의 명문장가인 3최는 각기 신라, 백제, 고려 3국에서 서로 다른 활약을 하다가 죽었습니다. 당나라에서 학문을 배웠지만 그들이 활약했던 나라와 역할은 서로 달랐던 것입니다.

몰래 송나라에 다녀온
대각국사 의천

    고려 제11대 왕 문종(文宗, 1019~1083)은 인예왕후(仁睿王后, ?~1092) 사이에 10남 2녀의 자식을 두었습니다. 이들 가운데 장남, 둘째, 셋째는 차례로 왕이 되어 12대 순종(順宗, 1047~1083), 13대 선종(宣宗, 1049~1094), 15대 숙종(肅宗, 1054~1105)이 되었고, 넷째와 여섯째는 스님이 되었습니다. 특히 1055년에 태어난 왕후(王煦)는 고려를 대표하는 고승(高僧: 높은 깨우침을 얻은 스님)인 대각국사 의천(大覺國師 義天, 1055~1101)이 됩니다.

    조선 시대는 유교를 나라의 종교로 삼고 불교를 억제했기 때문에 스님에 대한 대우가 천민과 같이 나빴습니다. 하지만 고려는 불교가 나라의 종교였고 스님은 사람들의 존경을 받았습니다. 따라서 귀족 출신 스님도 많았고 의천처럼 왕자가 스님이 되기도 했습니다.

    11세 때 개경 영통사(靈通寺)로 출가(出家: 스님이 되기 위해 집을 떠나는 일)한 의천은 학문을 좋아하며 불교 경전은 물론 유교 서적도 두루 섭렵하였으며 모르는 것이 거의 없을 정도였습니다. 높은 학문 지식을 가진 의천은 스님이 된 지 4년 만인 1069년에 스님 가운데 가장 높은 승통(僧統)의 지위에 올랐습니다. 왕자라는 신분 탓에 높은 지위에 올랐지만 그는 제대로 공부를 하고 싶었습니다. 그는 송나라의 고승인 정원법사(淨源法師, 1011~1083)와 편지를 주고받으며 송나라에 가서 불교 경전을 더 깊이 연구하려는 꿈을 갖게 되었습니다. 그는 19세 때 아버지 문종에게 송나라에 가서 불교를 배워 오겠다는 글을 써서 올렸지만, 문종은 뱃길이 험하다며 허락하지 않았습니다. 아버지의 뜻을 거스를 수 없었던 의천은 잠시 유학의 꿈을 접었지만 문종이 죽고 형인 순종에 이어 선종이 즉위하자 다시금 유학을 허락받고자 했습니다. 하지만 고려 왕자이자 승통인 의천이 송나라에 가는 것은, 고려와 송나라의 관계가 더욱 밀접해지는 정치적인 결과를 가져오게 됩니다. 고려 북쪽에는 강력한 군사력을 가진 요(遼)나라가 있었습니다. 요나라는 송과 고려가 친해져 자신들을 공격할지도 모른다고 우려하고 있었으므로 고려의 신하들은 의천의 유학이 자칫 요나라를 자극할 수 있다고 판단했습니다. 의천이 평범한 스님이었다면 아무런 문제가 없었겠지만 그가 왕자 출신이기 때문에 유학은 쉽지 않았던 것

고려동경(高麗銅鏡)의 뒷면에 험난한 파도를 가르며 나아가는 배의 모습이 조각되어 있다. 이를 통해 당시 먼 바다로 나아가 활발하게 이루어졌던 고려인의 해상 교류를 짐작할 수 있다.

입니다.

하지만 의천은 자신의 의지를 꺾지 않았습니다. 1085년 4월 그는 변장을 하고 송나라 상인의 배를 타고 몰래 송나라 유학길에 올랐습니다. 뒤늦게 이 사실을 알게 된 선종은 사신을 송나라로 보내 의천이 무사히 송나라에 도착했는지 알아보게 했습니다. 의천은 이미 5월 2일에 송나라에 도착했습니다. 그런데 송나라 철종(哲宗, 1076~1100)도 의천이 방문한 사실을 알게 되자 5월 21일 영접사 관리를 보내 의천을 송나라 수도로 맞아들였습니다. 송나라 철종은 의천을 크게 환영하고 의천과 예전부터 편지 왕래

를 하던 정원법사를 비롯해 송나라의 고승들을 소개시켜 주었습니다. 의천은 이들과 열심히 토론했습니다. 특히 의천은 당시 송나라에서 크게 발전하고 있던 천태학(天台學)을 깊이 배웠습니다.

송나라 철종은 의천에게 금은보화를 주었는데 의천은 이것을 모두 7,500권에 이르는 불교 경전을 인쇄하는 데 사용했습니다. 그리고 이것을 다시 정원법사가 있는 혜인선원(慧因禅院)에 기증했습니다. 의천의 불교 경전 간행은 송나라에서도 큰 반향을 일으켰습니다. 당시 송나라는 연이은 전쟁으로 불교 경전이 상당 부분 불타 없어졌기 때문입니다. 의천이 천태종을 깊이 공부하는 한편 송나라에서 불경 3,000권을 수집하는 활동을 하던 도중, 송나라를 방문한 고려 사절단이 의천의 귀국을 바라는 어머니 인예태후의 편지를 전해 왔습니다. 의천은 어머니의 간청에 따라 귀국을 결심하고 마침내 1086년 5월 12일 귀국길에 올랐습니다.

고려에 돌아온 의천은 개경 흥왕사(興王寺)에 교장도감(敎藏都監)을 설치하고, 송나라와 요나라 등에서 수집한 불교 서적의 목록을 편찬했습니다. 이 작업을 마친 후 의천은 4,000여 권에 달하는, 『교장(敎藏)』이라 불리는 불교 연구 논문을 모은 전집을 간행합니다. 『고려속장경(高麗續藏經)』이라고도 불리는 이것은 당시 동아시아 불교 연구 전체를 모은 것입니다. 현재 송광사(松光寺)와 일본 등지에 이 책의 일부가 전해지고 있습니다. 그의 불경 간행 사업은 뒷날 세계문화유산인 『팔만대장경(八萬大藏經)』*간행의

팔만대장경 몽골이 고려를 침입하자 부처의 힘으로 몽골 군을 물리치기 위해 만든 대장경이다. 1237년부터 시작되어 약 16년 동안 제작한 끝에 간행되었으며 약 8만 4,000개의 경전이 실렸다. 팔만대장경의 간행을 통해 고려의 불교문화와 인쇄술이 더욱 발전할 수 있었다. 현재 경상남도 합천군 해인사(海印寺)에 보관되어 있으며 국보 제32호로 지정되어 있다. 또한 2007년 유네스코 세계문화유산으로 지정되었다.

『팔만대장경』은 종교의 힘으로 나라를 구하고자 했던 고려의 호국 사상(護國思想)을 확인할 수 있는 귀중한 유물이다.

밑거름이 됩니다.

1092년 그의 어머니 인예태후, 1094년 형인 선종이 각각 세상을 떠나자 그는 잠시 흥왕사 주지에서 물러나 합천 해인사로 내려갑니다. 조카인 헌종(獻宗, 1084~1097)이 왕위에 있던 1년간 개경을 떠난 의천은 다시 1095년 형인 숙종이 왕이 되자 개경으로 돌아왔습니다. 당시 고려의 불교계는 화엄종(華嚴宗), 법상종(法相宗) 등의 교종과 여러 교파의 선종(禪宗)으로 분열되어 있었습니다. 교종은 경전을 위주로 공부를 중요시하고, 선종은 참선(參禪: 스스로 도를 배우거나 닦는 것)을 통한 깨우침을 중요하게 여기는 점이 다를 뿐 같은 불교의 일파입니다. 의천은 왕실이 신앙하는 화엄종과 선종 세력을 합쳐서 천태종을 새로 만들고자 했습니다. 그는 1097년 왕실의 도움으로 국청사(國淸寺)가 새로 완공되자 이곳에서 천태학을 가르쳤고, 선종 스님 1,000여 명을 국청사로 옮겨와 천태종을 개창(開創: 새로 시작함)합니다.

의천은 고려의 화폐 발전에도 기여했습니다. 의천은 형인 숙종에게 화폐 사용이 물자 운반의 수고를 덜고 보관을 편리하게 만드는 등 현물 유통에 비해 지니는 장점이 많음을 아뢰었습니다. 의천의 이러한 생각은 송나라에서 유학하는 동안 화폐 경제의 편리함과 효율성을 경험함에서 비롯된 것입니다. 숙종은 이를 받아들여 1097년 주전관(鑄錢官), 1101년 주전도감(鑄錢都監)을 설치해 1102년부터 **해동통보(海東通寶), 삼한통보(三韓通寶)*** 등을 만들어 유통시켰고 덕분에 고려는 본격적인 화폐 유통의 시대를 맞이하게 되었습니다.

의천은 1101년 47세의 나이로 입적(入寂: 승려가 세상을 떠남을 이르는 말)하고 말았습니다. 길지 않은 삶을 살았지만 그는 화폐 유통, 천태종 창립, 불교 경전 간행이란 큰 업적을 남겼습니다. 그가 만든 천태종은 교종 입장에서 선종을 흡수한 종파로, 고려 말에 선종을 중심으로 교종의 장점을 흡수한 보조국사 지눌(普照國師 知訥, 1158~1210)의 조계종(曹溪宗)과 함께 고려의 양대 불교 교파로 자리매김하게 됩니다. 의천이 송나라에 유학

해동통보, 삼한통보 해동통보와 삼한통보는 고려 숙종이 설치한 주전도감에서 1102년에 제작, 유통한 금속 화폐이다. 동글고 납작한 모양에 가운데에 네모난 구멍이 뚫린 엽전이었다. 그러나 사용에 불편이 많아 통용이 중지되었다.

을 가서 배운 천태학이 고려 불교 발전에 큰 변화를 가져온 것입니다. 또한 화폐 사용 경험도 고려의 화폐 경제의 역사를 변화시켰습니다. 이처럼 의천의 송나라 유학은 고려를 크게 변화시키는 계기가 되었던 것입니다.

고려와 송나라의 활발한 왕래

고려는 송나라와 이웃 관계로 오랜 기간 많은 물자와 사람들 사이에 교류를 해 왔습니다. 송나라의 전신인 후주 출신 쌍기가 956년 고려에 귀화하여 과거제도 실시를 건의하는 등 고려에서 높은 벼슬을 하며 살았던 적이 있습니다. 마찬가지로 최한, 왕빈, 김행성, 강전, 김선, 김단중, 권적, 조성 등등 유명하지는 않지만 많은 고려인들도 송나라에 가서 벼슬을 하며 살기도 했습니다. 특히 김행성은 송나라에서 과거에 합격하여 전중승(殿中丞)이란 벼슬을 하며 그곳에서 삶을 마쳤습니다. 요즘과 마찬가지로 과거에도 국경을 넘나들며 외국에서 일을 하다가 그곳에서 정착한 사람이 있었던 것입니다.

고려 사람들이 사신 왕래, 무역, 유학 등을 이유로 자주 방문하자 송나라는 산둥 반도 덩저우, 저장성 명저우, 닝보 등에 고려 사신을 맞이하기 위한 호화로운 영빈관(迎賓館)과 숙소인 고려관(高麗館)을 세웠습니다. 고려 수도 개경에서 송나라 상인 수백 명이 늘 머물며 장사를 했듯이, 고려 상인들도 송나라에 가서 많은 물건을 사고팔았습니다.

송나라의 유명한 시인이자 관리인 소동파(蘇東坡)는 고려 상인들이 시도 때도 없이 송나라에 들어와 큰 이익을 얻고 돌아가므로 송나라에게 손해가 된다며 고려와의 교역을 통제하자고 주장하기도 했습니다. 하지만 송나라는 고려 상선들에게 요즘의 관세와 같은 '입구세'라는 세금을 부과하면서도 다른 나라에 비해서는 실질적으로 세금을 적게 내는 특권을 주었습니다. 고려의 종이, 먹, 벼루, 붓, 구리 그릇, 부채, 인삼, 나전칠기(螺鈿漆器), 화문석(花紋席), 책 등은 명품 대접을 받으며 수출되었습니다. 그리고 고려는 송나라의 책, 약재, 비단, 향료, 수은, 상아 등을 수입했습니다. 고려는 송나라와 활발한 무역을 하면서 경제적 풍요를 누릴 수 있었습니다.

세계를 무대로 활발한 활동을 한 우리 조상들 가운데에는 별별 사연을 가진 이들이 많았습니다. 외국에 가서 그곳 사람들과 함께 어우러져 살다가 뜻하지 않은 일을 겪고 자기 삶의 목표를 바꾸거나 고국에 돌아와 역사에 길이 남을 업적을 남긴 이도 있었습니다. 특별한 만남이 자신의 인생과 조국의 운명까지 바꾸기도 했습니다. 우연히 외국 여인을 구한 의로운 행동 덕분에 결국에는 조국을 구하고 오늘날까지 이름을 떨치게 된 사람이 있었던 것입니다.

놀라운 여행을 한 사람도 있습니다. 일본에 포로로 붙잡혀 갔지만 일본 상인에게 고용되어 베트남까지 여행한 인물인데, 놀라운 것은 베트남에서 조선의 학자 이수광의 시를 사랑하는 사람들을 만나 후한 대접을 받았다는 것입니다. 포로를 되찾기 위한 조선의 노력으로 그는 고국으로 돌아올 수 있었고, 이수광은 그에 관한 기록을 따로 남기기도 했습니다.

베트남에 간 인물은 또 있습니다. 항해 도중 해류와 바람의 변화로 인해 항로를 잃고 표류하다가 베트남까지 간 것입니다. 우리 역사에서는 많은 표류민이 있었지만 대개는 이웃한 중국이나 일본, 유구국에 도착했다가 돌아오곤 했습니다. 그는 매우 특이한 표류 경험을 했던 것입니다. 그렇다면 그는 어떻게 조국으로 돌아올 수 있었을까요? 이렇게 다양한 사연을 가진 인물들에 대해 알아보도록 하겠습니다.

제3부

특별한 이야기를
가진 사람들

노예가 된 동포를 구하기 위해
청해진을 만든 장보고

8~9세기 동아시아 바다는 신라와 당나라를 비롯한 여러 나라의 배들로 북적이고 있었습니다. 세계에서 가장 큰 시장인 당나라를 중심으로 신라와 발해, 동남아시아의 여러 나라들 그리고 아라비아의 상인들까지 참여하는 국제 무역이 활발히 이루어지던 시대였습니다. 또한 당나라에 유학을 가는 신라, 발해, 왜국 사람들이 배를 이용해 다니기도 했습니다. 이렇게 번영하던 바닷길에 해적들이 나타났습니다. 동아시아 바다의 평화와 안전을 위협하는 해적들의 잔악한 활동을 제압한 사람이 바로 장보고(張保皐, ?~846)입니다.

장보고는 신라 서남해의 완도 혹은 그 주변 지역에서 태어나 젊은 시절 당나라로 건너갔습니다. 말을 달리며 창을 쓰는 데 있어서 대적할 자가 없었을 만큼 무예에 뛰어났던 그는 출세하기 위해 당나라의 군인이 되었습니다. 서주(徐州: 중국 장쑤성 지역) 무령군 소장(武寧軍 小將)이라는 직위에 오른 그는 당나라에 대항하는 이사도의 평로군을 제압하는 일에 참여했습니다. 그런데 819년 평로군이 제압되고 2년 뒤 무령군의 규모가 줄어들면서 장보고도 군대를 떠나게 되었습니다. 그는 군대에 있을 때부터 눈여겨보았던 해상 무역에 종사하게 되었습니다. 그래서 당나라, 신라, 일본을 연결하는 무역 활동을 시작했습니다. 그는 중국 대륙 동해안의 **신라방**(新羅坊)*에 사는 신라인들의 힘을 바탕으로 국제적인 해상 무역가로 성장할 수 있었습니다.

그런데 장보고는 828년 즈음 신라로 귀국하게 되었습니다. 그가 귀국하게 된 것은 노예 무역 때문이었습니다. 장보고는 동포들이 해적선에 의해 강제로 끌려와 당나라에서 '신라노(新羅奴)'로 팔리는 현장을 목격하고 크게 분개했습니다. 그는 신라 흥덕왕(興德王, ?~836)을 만나 해적을 소탕하는 일에 자신이 나서겠다고 말했습니다. 그는 왕의 허락을 받아 **청해진**(淸海鎭)*을 설치했습니다. 그리고 청해진대사(淸海鎭大師)라는 직함과 함께 1만의 군사를 거느리고 해적을 소탕하는 일에 나섰습니다.

장보고의 활약으로 해적이 사라지자 노예 무역이 줄어들었고, 동아시아 바다에서 무역선은 안전하게 상업 활동을 할 수 있었습니다. 장보고는 해적을 소탕하는 일뿐만 아니라 자신의 상단을 꾸려 활발한 무역 활동

신라방 중국 대륙 동해안에 만들어진 신라인의 집단 거주지다. 요즘의 '코리아타운'과 마찬가지로 당시 당나라를 방문한 사신, 유학생, 승려, 상인에게 큰 도움이 되었다.

청해진 장보고가 1만 명의 군사를 거느리고 지금의 전라남도 완도에 설치한 군영. 흥덕왕의 명을 받아 청해에 진(鎭)을 설치하고 가리포에 성(城)을 쌓아 항만을 보수하고 전략적인 거점을 마련하였다. 이곳을 중심으로 해적을 소탕하는 등 서남 해안의 해상권을 장악하였고 더불어 중국과 일본 사이의 해상 무역을 주도하였다.

목포 국립해양유물전시장에서 복원한, 장보고가 활동하던 당시 신라 무역선의 모형. 이 배의 특징은 밑바닥이 뾰족한 형태로 되어 큰 바다로 나아가 파도를 헤치는 데 유리하고 빠른 속도로 항해가 가능하다.

을 했습니다. 그는 당시 당나라만이 생산할 수 있어서 큰 이익을 가져다주었던 최고급 도자기인 청자(靑瓷)에 주목했고, 그 기술자를 데려와 청해진 주변의 강진 등지에서 이를 생산했습니다.

장보고는 당나라에 있는 신라방은 물론 일본 열도, 당나라 남부 해안 지역으로 직접 상선을 보내 무역 활동을 했을 뿐만 아니라 당, 일본, 발해, 무슬림, 동남아 상인들과의 거래를 통해 동아시아 바다의 상업 활동을 주도했습니다. 그의 본래 이름은 '궁복(弓福)'이지만 '보고', 즉 보물이 많은 부자라고 불린 것은 그가 상단 활동으로 큰 이익을 얻었음을 말해 줍니다.

장보고가 크게 성공할 수 있었던 이유는 우선 그의 군대 경험과 통솔력, 당나라에 사는 신라방 사람들의 도움, 또 청자 등을 비롯한 다양한 상품 개발, 중계 무역 등 당나라에서 보고 익힌 장사의 경험, 여기에 덧붙여 청해진의 지리적 이점 등을 들 수 있습니다. 청해진은 동아시아의 세 바다인 황해, 남해, 태평양을 잇는 교차점이며 대륙과 일본 열도를 잇는 중간 지점에 위치하고 있습니다. 이러한 이점을 살려 장보고는 동아시아 바다를 지배하는 왕자가 될 수 있었습니다. 그가 당나라에서 활동한 경험이 없었다면 신라의 평범한 어부나 군졸로 삶을 마감할 수밖에 없었을 것입니다.

장보고의 세력이 너무 커지자 당시 신라 왕위를 두고 싸우던 진골 귀족 가운데 김우징(金祐徵, ?~839)이 그에게 도움을 청하게 됩니다. 839년 김우징이 민애왕(閔哀王, 817~839)을 죽이고 신무왕(神武王)이 될 때 장보고의 군사들은 큰 역할을 합니다. 이때 신무왕은 자신의 아들과 장보고의 딸을 결혼시킬 것을 약속했습니다. 그런데 신무왕이 6개월 만에 죽고 그 아들 문성왕(文聖王, ?~857)이 왕이 되자 장보고는 문성왕에게 자신의 딸을 왕비로 맞이하라고 요구했습니다. 하지만 문성왕과 신라 귀족들은, 비록 장보고가 세력이 강하고 왕이 될 때에 도움을 주기는 했지만 낮은 신분 출신임을 문제 삼아 약속을 지키지 않았습니다. 장보고가 큰 불만을 가지고 있으며 군사를 키워 신라 수도로 쳐들어올 것이라고 걱정한 신라 정부는 자객 염장(閻長, ?~?)을 보내 장보고를 살해하고 말았습니다. 이렇게 장보고는 죽고 말았지만 그가 이룩한 동아시아 바다의 평화를 바탕으로 신라인들은 이후에도 100년 가까이 활발한 해상 활동을 할 수 있게 되었답니다.

신라방

신라방은 당나라 때 대륙의 동해안 일대와 대운하 주변에 설치되었던 신라인의 집단 거주지를 말합니다. 신라방이 만들어진 원인은 당나라가 이민족에 대해 개방적인 정책을 펼쳤고, 신라인들이 당나라로 많이 건너가 살았기 때문입니다. 신라인들은 주로 상업과 해운업, 염전업, 조선업과 선박 수리업, 통역관, 어업 그리고 농업에 종사했습니다. 이들은 차츰 무리를 지어 모여 살면서 자신들의 뿌리를 잊지 않았습니다.

장보고가 설립한 산둥 반도 문등현 적산촌의 법화원(法華院)은 신라인을 위한 사찰로 한 번 법회가 열리면 남녀 신도가 250명이나 몰려들었다고 합니다. 법화원과 같은 사찰이 당나라에 사는 신라인의 구심점이 되었습니다. 신라방 사람들은 당나라에 온 유학생, 스님의 편의를 봐주는 등 당나라 안에서 작은 신라를 만들어 갔습니다. 신라인들은 매년 8월 15일에는 달구경을 하는 가배(嘉俳: 추석을 맞이하며 즐겼던 놀이) 행사를 즐겼는데 이는 당나라의 명절과는 다른, 신라인들만의 축제였습니다.

언어, 생활 풍습, 즐겨 쓰는 물건이 당나라 사람들과 다른 만큼 신라방 사람들은 자연히 신라와 많은 거래를 하게 되었습니다. 당나라에 거주하던 많은 신라인들 덕분에 신라는 당나라와 보다 활발하게 무역을 할 수 있었습니다. 장보고도 이들의 도움을 받았고 이들을 돕기도 했던 것입니다. 신라방은 요즘 전 세계 곳곳에 자리 잡은 '코리아타운'의 조상이라고 하겠습니다.

일본에 신라 물건을 판 김태렴

　　일본 왕실의 보물 창고인 도다이지[東大寺] 쇼소인[正倉院]에는 신라 물
건이 많이 있습니다. 그리고 일본 귀족들이 일본 정부에게 신라 물건을 구
해 달라고 제출한 매신라물해(買新羅物解)라는 문서가 이곳에서 발견된 바
있습니다. 본래 이 문서는 752년 일본을 방문한 신라인 김태렴(金泰廉)에
게 전달되었던 것입니다. 김태렴은 7척의 배를 타고 700명의 사람들과 함
께 일본을 방문해 330여 명은 일본의 입구인 큐슈섬 북쪽에 위치한 다자이
후에 내려놓고, 370명을 이끌고 일본의 수도인 나라를 방문해 일본의 고켄
천황[孝謙天皇, 718~770]을 만났습니다. 그는 천황에게 대단한 찬사를 올
린 덕분에 그가 가져간 많은 물건을 손쉽게 팔 수 있었습니다. 그리고 일본
왕실과 관청 그리고 귀족들에게 구매품 목록을 받았고, 가져간 물건을 모두
팔았습니다.

김태렴 일행이 도착한 큐슈섬 다자이후 지역의 유적.

그가 일본에 판매한 물건은 사향, 침향, 용뇌향 등의 향료와 인삼, 감초, 가리륵, 육종용, 필발, 지초 등의 약재, 동황, 연자, 주사, 호분 등의 안료, 소방, 자근 등의 염료, 각종 불교 용품, 거울, 가위, 소반, 젓가락 등의 식기류, 마구, 양탄자, 비단, 비단 담요, 잣, 꿀, 책, 병풍, 향로, 화로, 물병, 황금 등 122종이나 되었습니다. 그리고 그는 신라에 필요한 실, 솜, 실크 등으로 물건 값을 받았습니다. 그는 신라에서 생산한 염료, 생활용품, 기물, 문화용품, 약재 외에도 동남아시아, 인도, 아라비아, 중국에서 생산된 고가의 향료 등을 중개해서 팔기도 했습니다. 쇼소인에는 행권한사(行卷韓舍), 자초랑댁(紫草娘宅), 양가, 무가 등 신라 귀족 소유의 수공업장에서 생산된 물건들이 많이 남아 있습니다.

　일본 측 기록에는 김태렴이 신라 왕자로 기록되어 있지만 그는 왕자가 아니라 신라 귀족 상인들의 대표였다고 할 수 있습니다. 8세기 중엽 신라와 일본은 매우 사이가 나빴지만 김태렴은 뛰어난 상술을 발휘해 일본 측의 호감을 산 후 많은 물건을 팔았던 뛰어난 상인입니다. 일본은 신라 정부와 계속 사이가 나빴지만 신라의 뛰어난 물건을 구입한 이후에는 계속해서 많은 물자를 구입했습니다. 김태렴은 우리 역사에 가장 먼저 이름을 남긴 탁월한 상인이었습니다.

여인을 도와
조선 역사를 바꾼 역관 홍순언

외국어를 통역해 주는 자를 예전에는 '역관(譯官)', '통사(通事)'라고 불렀습니다. 조선에서는 중국어, 일본어, 만주어 등을 할 줄 아는 사람들을 과거 시험을 통해 선발하였고 외국에서 사신을 접대하거나 외국에 사신을 보낼 때 활동하도록 했습니다. 그런데 이들은 양반보다 신분이 낮은 중인 계급 출신이었습니다. 중인은 의관(醫官: 의료에 관한 일을 맡는 직책), 화원(畵員: 그림에 관한 일을 맡는 직책) 등의 기술자와 향리(鄕吏: 행정 실무를 맡는 최하위 직책) 등 행정 실무자들입니다. 이들은 높은 벼슬에는 오를 수 없었습니다. 하지만 통사들은 다른 중인들과 달리 외국을 왕래하면서 무역을 통해 부자가 되는 경우가 많았습니다.

그런데 통사들 가운데 종2품 우림위장, 당릉군에 임명되고 나라에 큰 공을 세운 공신으로 대접받은 사람이 있었습니다. 그가 바로 홍순언(洪純

彦, ?~?)입니다. 그는 대체 어떤 공을 세운 인물이었을까요?

서자(庶子: 첩의 자식) 출신의 홍순언은 젊은 시절 매우 불우했지만 올바른 일을 실천하려는 의지가 강한 정의감 넘치는 인물이었습니다. 그런데 명나라 수도 연경(북경)에 가다가 통주(通州)라는 곳에 머물렀습니다. 그리고 밤에 기생집에 놀러 갔다가 그곳에서 예상치 못한 인연을 만나게 되었습니다. 화려한 옷을 입은 기생들 가운데 하얀 소복을 입은 여인을 만난 것입니다. 소복은 죽은 이를 추모하기 위한 옷입니다. 홍순언은 아름다운 그녀가 궁금해 사정을 물었습니다.

"저는 명나라 절강 사람으로 외동딸로 자랐습니다. 아버님이 연경에 와서 벼슬살이를 하다가 불행히 돌림병에 걸려 부모님이 모두 돌아가셨습니다. 그래서 두 분의 시신을 모신 관을 여관에 두었는데 고향으로 두 분의 시신을 모셔다가 장례를 치를 돈이 없으므로 돈을 벌기 위해 마지못해 스스로 기생집에 나온 것입니다."

홍순언은 목메어 우는 그녀를 불쌍하게 여겨 장례를 치를 비용 300금을 아무런 대가없이 주었습니다. 당시 300금은 지금으로 치면 억대의 돈이었습니다.

문제는 그 돈이 관청에서 빌린 무역 자금이었다는 것입니다. 귀국 후 홍순언은 공금을 빼돌린 죄로 체포되어 감옥에 갇히는 신세가 되었습니다. 이때 조선에서는 '종계변무(宗系辨誣)'라는 중요한 외교 문제가 있었습니다. 종계변무란 조선을 건국한 이성계가 고려 말의 권력자 이인임(李仁任, ?~1388)의 아들이라고 잘못 알려져 명나라 법전인 『대명회전(大明會典)』*에 기록된 것을 바로잡고자 함을 말합니다. 조선에서는 이성계의 족보를 명나라에 알려주고 이를 고쳐 달라고 요구했지만, 명나라는 고쳐 달라고 애걸하는 조선을 이용하기 위해 일부러 모른 척하고 시간을 끌며 버텼습니다. 선조(宣祖, 1552~1608)는 해묵은 문제를 해결하기 위해 다시 사신을 보내면서 종계변무를 해결하지 못하면 통사를 죽이겠다고 했습니다.

그러자 어떤 통사도 선뜻 명나라에 가기를 꺼렸습니다. 통사들은 함께 의논했습니다.

"홍순언은 살아서 옥문 밖으로 나올 희망이 없으니 우리가 빚진 돈을 갚아 주고 그를 보내는 게 어떻겠소?"

그래서 결국 홍순언은 명나라로 가게 되었습니다. 1584년 명나라로 가는 사신 황정욱(黃廷彧, 1532~1607)을 따라서 통역관의 자격으로 북경에 도착했습니다. 그런데 조양문 밖에 비단 장막이 구름처럼 펼쳐져 있었습니다. 이때 한 기병이 달려와 홍 판사를 찾았습니다.

"예부시랑 석성(石星) 님이 홍순언 님이 오신다는 말을 듣고 부인과 함께 맞이하러 나왔습니다."

잠시 후 여자 종 10여 명의 호위를 받으며 한 부인이 장막 안에서 나왔습니다. 석성이 말했습니다.

"통주에서 은혜를 베푼 일을 기억하고 계십니까? 아내의 말을 들으니 당신은 참으로 천하의 의로운 분입니다."

부인이 무릎을 꿇고 절을 하려 하자 홍순언이 극구 사양했습니다. 그러자 석성이 말했습니다.

대명회전 중국 명나라의 여러 법령을 집대성한 법전으로 총 180권으로 구성되었다. 1502년 황제의 명을 받아 서부(徐溥) 등이 편찬하였고, 1509년에 이동양(李東陽) 등이 수정하여 1511년에 간행되었다.

홍순언이 통사 자격으로 방문한 북경 자금성(紫禁城)의 오늘날 모습. 사진의 건청궁(乾淸宮)은 홍순언이 방문할 당시 황제의 침궁(寢宮)으로 사용되었다.

"이것은 은혜를 갚고자 하는 절이니 꼭 받아야 합니다."

조선의 통사가 명나라 예부시랑(禮部侍郎: 오늘날의 외교부 차관)의 부인으로부터 절을 받은 것입니다.

석성은 크게 연회를 베풀고 홍순언이 명나라에 온 이유를 물었습니다.

한 달 후 석성의 노력으로 오랫동안 조선이 해결하고자 했던 종계변무 문제가 해결되었습니다. 『대명회전』의 기록이 수정된 것입니다. 홍순언은 가벼운 마음으로 귀국길에 올랐습니다. 그런데 홍순언이 압록강에 도착했을 때 석성의 부인이 각각 비단 10필을 담은 고급 상자 10개를 보내왔습니다. 비단 끝에는 모두 '보은(報恩: 은혜를 갚음)'이란 글자가 수 놓여 있었습니다. 그녀가 직접 짠 것이었습니다. 홍순언이 귀국하자 선조는 홍순언의 공을 크게 칭송하고, 그를 당릉군(唐陵君)에 임명했습니다. 또한 을지로 1가에 집과 노비를 주었습니다. 그래서 그가 사는 동네를 '보은단동(報恩緞洞)'이라 부르게 되었습니다.

홍순언과 중국 여인의 인연은 여기서 그치지 않았습니다.

1592년 일본군이 조선을 침략해 오자 선조는 평양, 의주로 피난을 가면서 명나라에 구원군을 보내 줄 것을 요청했습니다. 이때 명나라 조정에서는 굳이 조선에 군대를 보내 싸울 필요가 없다는 주장이 많았습니다. 하지만 명나라에는 당시 병부상서(兵部尚書: 오늘날의 국방장관)로 승진한 석성이 있었습니다. 홍순언의 부탁을 받은 석성은 명나라가 조선을 도와야 한다고 강력하게 주장했습니다. 결국 명나라는 조선에 구원군을 보내게 되었습니다.

홍순언은 단지 명나라 구원군을 데려오는 일만 한 것이 아니었습니다. 그는 조선으로 돌아가는 길에 경비를 털어 화약의 재료인 염초 200근, 활의 재료인 궁각 1,308편 등 무기 재료를 구입해 조선군이 일본군을 물리치는 데 큰 도움을 주었습니다. 명나라에서 무기 재료는 함부로 구할 수 있는 것이 아니었습니다. 석성의 도움이 있었기에 가능했던 일이었습니다.

전쟁 중에 홍순언은 명나라 장군 이여송(李如松, 1549~1598)의 통역관이 되어 활약하기도 했습니다. 그는 예의, 언어 실력, 학문 등을 골고루 갖추고 어려운 처지에 있는 중국 여인을 도운 정의감 넘치는 인물이었습니다. 중국 여인을 도운 귀한 인연이 결국 조선 왕실의 오랜 문제를 해결하고, 전쟁에서 나라를 구하는 계기가 되었던 것입니다. 400년 전 어려움에 처한 가여운 여인을 구한 홍순언, 그가 역사를 바꾼 것은 그의 의로운 마음과, 은혜를 잊지 않은 중국 여인의 마음이었습니다. 귀한 인연이 한 개인과 가족, 나라의 운명까지 바꾸었던 것입니다.

조선을 도운 석성의 운명은?

임진왜란 때 조선을 도운 명나라는 무려 21만 명의 군대를 조선에 파견하고 군량을 사들이는 데 무려 883만 냥이 넘는 은을 지불하는 등 막대한 국력을 쏟아부었습니다. 하지만 전쟁 후 명나라는 조선 때문에 국력을 낭비했다는 이유로, 조선에 군대를 보낼 것을 주장한 석성에게 죄를 물어 죽였습니다.

석성은 자신이 죽을 것을 알고 가족에게 조선으로 가라고 유언을 남겼습니다. 석성의 부인과 두 아들은 조선으로 넘어와 황해도 해주에 살게 되었습니다. 선조는 석성의 아들 석담을 수양군(首陽君)에 임명하고 토지를 주어 살게 했습니다. 석성의 후손이 해주 석씨의 시조가 되었답니다. 홍순언과 석성 부부의 후손이 이 땅에서 함께 살고 있으니, 홍순언과 그 여인의 인연은 아직도 끝난 것이 아니라고 하겠습니다.

조선 시대 통역관은 어떻게 외국어를 배웠을까?

조선은 외국과의 교류 때문에 통역을 할 수 있는 사람이 필요했습니다. 그래서 사역원(司譯院)이란 관청을 두고 통역관을 양성했습니다. 이들은 '통사'로 불렸습니다. 중국어, 몽골 어, 만주어, 위구르 어, 유구어, 일본어 등 6개 통사가 있었습니다. 몽골 어와 위구르 어는 쓰임새가 적었지만 몽골의 힘이 강해질 때를 대비해 계속해서 양성했습니다.

중국어 통사는 『소학(小學)』, 『이문(移文: 중국의 공문서 서식)』, 『논어(論語)』『대학(大學)』, 『맹자(孟子)』, 『중용(中庸)』 등과 함께 몽골 어도 공부해서 시험을 통과해야 했습니다. 몽골 어 통사가 되려면 위구르 어도 함께 시험을 보아야 했습니다. 일본어 통사가 되려면 유구어도 배워야 했습니다.

통사는 실력을 인정받은 전문가입니다. 통사가 중국어를 배울 때 쓴 교재로는 『박통사(朴通事)』, 『노걸대(老乞大)』가 있는데, 『박통사』는 중국인의 일상생활을 다룬 고급 회화 책이고, 『노걸대』는 비즈니스에 필요한 교재였습니다. 일본어를 배울 때 사용한 교재는 『첩해신어(捷解新語)』인데, 이 책을 쓴 저자 강우성(康遇聖)은 임진왜란 때 일본에 포로로 잡혀갔다가 돌아온 사람입니다.

몽골 어를 배우는 교재로는 『첩해몽어(捷解蒙語)』, 『몽어노걸대(蒙語老乞大)』 등이 있었습니다. 2007년 5월 몽골 대통령 부부가 서울대학교 안에 위치한 규장각(奎章閣: 조선 시대 왕실 도서관)을 방문했는데 『몽어노걸대』를 보기 위함이었다고 합니다.

통사들은 외국어를 교재로 익히기 때문에 발음이 문제가 되기도 했습니다. 한 번 중국에 다녀온 통사가 책으로 공부한 사람보다 발음이 좋을 수밖에 없었지요. 따라서 통사들은 사역원에서 근무할 때는 하루 종일 외국어를 사용하며 외국어 공부에 매진했답니다.

『논어』는 공자와 그의 제자들의 언행을 기록한 유교 경전으로 중국 최초의 어록(語錄)이기도 하다. 공자는 도덕주의를 설파하며 덕치 정치를 강조하였으며 3,000여 명의 제자를 길러 냈다.

베트남에서 유행한
이수광의 시와 조완벽

　베트남은 '안남(安南)'이라 불렸던 나라로, 조선과 많은 면에서 비슷한 역사를 가지고 있는 나라입니다. 베트남도 한자를 사용하고 유교 문화를 가졌습니다. 안남과 조선은 명, 청(淸)나라와 교류를 했기 때문에 두 나라 사이에 위치한 북경에서 서로의 사신이 만나기도 했습니다.

　1597년 명나라에 사신으로 갔던 이수광(李睟光, 1563~1628)이란 인물은 북경의 옥하관(玉河館)이란 곳에서 안남의 사신 풍극관(馮克寬, 1528~1613)을 만났습니다. 이수광은 『지봉유설(芝峯類說)』*이란 책을 쓴 뛰어난 젊은 학자였습니다. 풍극관은 안남국 제일의 학자로 당시 나이는 70세가 넘었는데 35세의 이수광과 50여 일 동안 만나면서 친분을 쌓았습니다. 두 사람은 서로 말은 통하지 않아도 글로 서로의 뜻을 전하며 친한 사이가 되었습니다. 풍극관은 자신이 쓴 시집을 보여 주고 그 책의 서문을 이수광에게 지어 달라고 청하였습니다. 이수광은 흔쾌히 써 주었습니다.

두 사람의 인연은 이것으로 끝이 아니었습니다.

조완벽(趙完璧, ?~?)은 경상도 진주의 선비였습니다. 그는 글과 춤을 즐기는 선비로 평범한 삶을 살고 있었습니다. 그런데 그가 20세가 넘었을 무렵인 1597년 정유재란(丁酉再亂)* 때 시마즈 요시히로[島津義弘, 1535~1619]가 이끄는 일본군이 진주로 쳐들어와서 그를 포로로 잡아갔습니다. 그는 바다 건너 일본의 시마즈 요시히로가 다스리는 큐슈섬 사쓰마번으로 끌려갔습니다. 조선과 일본의 전쟁은 끝이 났지만 포로들은 조선으로 곧장 돌아오지 못하고 대개 노예로 살아야 했습니다. 조완벽도 마찬가지로 종노릇을 하며 고달픈 삶을 이어가야 했습니다.

그런데 사쓰마번의 중심인 가고시마는 일본 최남단의 항구 도시로 일찍부터 서양인이 드나들던 곳이었습니다. 시마즈 요시히로는 외국과 무역에 힘썼고, 이들의 뒤에는 교토 지역의 상인들이 있었습니다. 교토는 일본 천황이 살던 곳으로 인구가 50만 명에 육박하는 큰 도시였으며 상업이 발달했습니다. 조완벽은 가고시마에 드나들던 교토 상인인 스미노쿠라 료이[角倉了以]에게 팔려갔습니다.

스미노쿠라 료이는 당시 국제어인 한문을 자유롭게 구사하는 조완벽의

지봉유설 조선 시대 학자 이수광이 1614년에 간행한 우리나라 최초의 백과사전으로 전 20권 10책으로 구성되었다. 천문, 지리, 군사, 관직 등 25개 부문에서 3,435개 항목을 마련하여 저술하였으며 특히 아시아와 유럽 국가들까지 소개하고 있어 우리 백성들의 세계관을 넓혀 주었다.

정유재란 1592년 시작된 임진왜란의 휴전 교섭이 실패로 돌아간 후 1597년 일본이 14만 대군을 이끌고 조선에 다시 쳐들어와 일으킨 전쟁이다. 조선의 끈질긴 반격으로 큰 타격을 입은 왜군은 도요토미 히데요시[豊臣秀吉]가 사망하자 군사를 물리고 퇴각하였다.

재능을 알아보고 그를 자신의 배에 태웠습니다. 스미노쿠라 료이는 교토의 큰 상인으로 해외 무역도 하던 상인이었습니다. 조완벽은 1604년부터 세 차례 안남에 다녀왔고 필리핀, 유구국에도 갈 수 있었습니다. 조완벽은 일본 상인의 노예로 활동했던 것입니다. 하지만 그는 베트남에서 놀라운 경험을 하게 되었습니다.

당시 세계는 대항해시대였습니다. 유럽 인들이 지구를 한 바퀴 돌아 안남에도 와 있었습니다. 유럽 인, 중국인, 일본인이 드나드는 국제 시장이 안남에 펼쳐져 있었던 것입니다. 외국과 왕래가 많던 베트남 사람들은 조완벽을 주목했습니다. 1604년 어느 날 조완벽은 베트남의 권력자인 정초의 초대를 받았습니다. 많은 관리들과 함께 잔치를 즐기다가 정초가 그에게 글을 내보였습니다. 그리고 말하기를 "이것은 귀국 사람인 이수광의 시입니다."라고 하였습니다. 조완벽이 그 글을 보니 모두가 고금의 유명한 시인들의 시를 모은 책인데, 이 책의 첫머리에 이수광의 시가 있고 붉은 물감으로 표시까지 해 두었습니다. 베트남의 학생들은 모두 그의 시를 베껴 외우고 있었습니다. 베트남에서 학문의 신으로 존경받는 풍극관이 소개한 이수광의 시였기에, 불과 7년 후 베트남에서 이수광의 시가 유행가처럼 널리 알려졌던 것입니다. 안남국 관리들은 조완벽이 일본에게 포로로 잡혀 이곳까지 오게 된 사정을 알고 동정해 주었습니다.

조완벽의 경험이 알려지게 된 것은 그가 다시 조선으로 돌아왔기 때문입니다. 1607년 조선에서는 사신을 보내 일본으로 끌려간 포로들을 구출해 오도록 했습니다. 이때 조완벽도 조선으로 돌아올 수 있었습니다. 10년 만에 귀국한 조완벽은 자신의 사연을 주위 사람들에게 알렸습니다. 조완

벽은 진주에서 어머님과 부인을 만났고 이후 전쟁으로 인한 피해를 복구하는 일에 힘쓰며 평범한 양반으로 남은 생애를 마쳤습니다.

조완벽이 전한 안남국에 대한 정보

안남은 일본에서 바닷길로 3만 7,000리나 떨어져 있습니다. 일본 사쓰마에서 밤낮으로 50~60일을 가야 안남에 도착합니다. 이곳은 아주 따뜻해 아무 때나 논농사를 지을 수 있습니다. 땅은 서쪽이 높고 동쪽이 낮으며, 뽕나무를 심어 누에를 쳐서 비단을 생산했습니다. 목화나무가 있는데 키가 크며 꽃은 작약꽃만 해 사람이 나무에 올라가 딸 수 있다는 점이 다릅니다. 야자과에 속하는 빈랑(檳榔)이란 과일을 즐겨 먹고, 목이 마르면 사탕풀을 씹는다고 합니다. 그 사람들은 오래 살아 120세의 노인이 있기도 하며 머리가 희었다가 다시 누렇게 되기도 합니다.

조완벽이 전했던 안남국에 대한 이러한 정보들은 틀리거나 과장된 것이 많지만, 당시 조선 사람들에게 새로운 세계에 관심을 갖게 만든 계기가 되었음은 분명합니다.

빈랑은 빈랑나무의 열매로 살충 효과와 각성 효과를 가진 과일이다. 씨앗을 말린 후 껌처럼 씹기도 한다.

이수광이 기록한 세계의 정보

이수광은 그의 대표작인 『지봉유설』에서 조완벽과 안남국에 대한 이야기를 적었습니다. 뿐만 아니라 유구(오키나와), 섬라(暹羅: 태국), 진랍(眞臘: 캄보디아), 방갈자(榜葛剌: 방글라데시) 등 동남아시아 국가들의 역사, 문화, 종교 등에 대한 다양한 정보도 실었습니다. 그리고 일본, 회회국(回回國: 아라비아), 불랑기국(佛浪機國: 포르투갈), 남번국(南番國: 네덜란드), 영결리국(永吉利國: 영국) 등 세계 여러 나라에 대한 정보도 담았습니다.

이수광은 풍극관과 만난 경험 그리고 조완벽을 통해 자신의 시가 안남국에서 유행이라는 사실을 전해 들었기 때문에 외국에 대한 정보에 보다 깊은 관심을 가지게 되었습니다.

이수광이 쓴 『지봉유설』은 요즘으로 말하자면 백과사전과도 같은 책입니다. 이수광의 『지봉유설』 이후 이익, 유형원, 이규경 등 많은 학자들이 『성호사설(星湖僿說)』 『반계수록(磻溪隨錄)』 『오주연문장전산고(五洲衍文長箋散稿)』 등 다양한 백과사전을 만들어 냈습니다. 이것이 결국 조선 후기에 '실학(實學)'이라는 새로운 학문을 발전시키는 힘이 되었습니다.

표류하여 베트남에 간 김태황

1226년 베트남의 리롱뜨엉(Lý Long Tường, 베트남 발음) 왕자는 고려로 망명하여 화산 이씨의 시조, 이용상(李龍祥)*이 되었습니다. 이처럼 베트남은 오래전부터 우리 역사에 등장합니다. 백제는 일찍부터 남부 베트남에 위치했던 부남국, 동남아시아를 의미하는 곤륜과 교류한 기록이 있습니다. 백제뿐만 아니라 고려도 동남아시아와 많은 교역을 했던 만큼 베트남은 우리 역사에서 낯선 나라가 아닙니다. 그리고 조선 시대에 베트남에 간 인물은 일본 상인을 따라간 조완벽뿐이 아니었습니다.

제주 진무(鎭撫: 군부대의 하급 관리) 김태황(金泰璜)은 1687년 음력 9월

이용상 베트남의 첫 독립국가인 안남국 리 왕조의 왕자였으나 리 왕조가 몰락하고 쩐 왕조가 득세하자 베트남을 탈출해 중국 송나라를 거쳐 고려 화산 지방에 정착하였다. 이후 고종은 이용상에게 식읍을 내리고 화산군(花山君)으로 봉하여, 이용상은 화산 이씨의 시조가 되었다.

김태황 일행이 도착했던 안남국의 회안부는 오늘날 베트남의 호이안 지역이다. 이곳은 15∼19세기 중계 무역항으로 번성한 도시였으며 당시의 화려했던 영광을 확인할 수 있는 유적이 많이 남아 있어 1999년 유네스코 세계문화유산으로 지정되었다.

3일 제주도를 다스리는 관리인 제주 목사의 명을 받아 정부에 바치는 말들을 싣고 일행 24명과 함께 배를 탔습니다. 그런데 추자도 앞바다에 이르렀을 때 동북쪽에서 부는 바람을 만나 표류의 길에 접어들었습니다. 배가 방향을 잃고 바람과 해류에 휩쓸려 무려 31일간이나 표류했습니다. 그들이 도착한 곳은 놀랍게도 안남의 회안부(淮安府: 오늘날의 호이안 지역)란 곳이었습니다.

안남의 관리들이 조사를 하기 시작하자, 김태황은 자신의 일행을 제주 사람이 아니라 전라도 사람이라고 말하고 고향으로 돌아가던 도중 표류를 당했다고 둘러대었습니다. 안남의 관리들은 김태황 일행을 조사한 후 임시 숙소는 물론이고, 쌀과 돈을 주어 살게 했습니다. 그리고 복건성(福建省)에서 온 청나라 상선에 태워 김태황 일행을 조선으로 돌아가게 해 주었습니다. 안남국 왕은 청나라 사람들에게 수고비를 주었고 조선과 교류할 생각으로 문서도 보냈습니다. 또한 만약 조선에서 답장을 받아서 안남으로 되돌아오면 청나라 상인에게 큰 보답을 해 주기로 약속했습니다.

1688년 7월 28일 회안부 항구에서 떠난 배는 청나라의 여러 항구를 거쳐서 그해 12월 17일 제주도 서귀포에 도착했습니다. 김태황 일행이 표류한 지 16개월 만에 고국으로 돌아온 것입니다.

그런데 조선에서는 청나라 사람들을 표류민으로 취급하여 육지를 경유해 청나라로 돌려보냈습니다. 청나라 정부는 배를 타고 간 사람은 육지 경유가 아닌 배를 태워 돌려보내라며 조선 정부를 타일렀습니다. 조선은 안

남국 왕의 말을 전한 청나라 사람들이 바다를 통해 조선에 도착했다는 사실은 무언가 잘못된 것이라 여기고 육지로 되돌려 보내는 데 급급했습니다. 안남국 왕의 문서를 전하는 사신으로 대우할 생각을 못하였던 것입니다.

안남 정부와 조선은 일을 처리하는 데에 너무나 큰 차이가 있었습니다. 17세기 말 안남은 이미 중국, 일본을 비롯해 포르투갈 등 유럽의 여러 나라와 교류를 했기 때문에 자기 나라를 찾아온 외국인을 어떻게 대하면 좋을지 잘 알고 있었지만, 조선은 전혀 준비가 되어 있지 않았습니다. 따라서 조선과 안남의 교류는 계속될 수가 없었습니다.

장한철은 왜 제주 사람이 아니라고 했을까?

1611년에 유구국 왕자가 타고 있던 상선이 표류해 제주에 도착했습니다. 이때 제주 목사 이기빈(李箕賓)과 제주 판관 문희현(文希賢) 등이 처음에는 이들을 잘 대접했으나 차츰 그들의 배에 실린 재물을 탐냈습니다. 그래서 그들을 모두 죽이고 재물을 빼앗았습니다.

결국 이 사건으로 두 사람은 유배되는 벌을 받았습니다. 이때 제주에 온 사람이 유구국 왕자라는 말도 있지만 안남 왕자, 중국 상선이라는 등 여러 이야기가 있습니다.

이 사건은 안남 사람들로 하여금 제주도 사람들에 대한 오해를 가지게 만들었습니다. 1770년 12월 제주 출신 장한철(張漢喆, 1744~?)이 과거에 응시하기 위해 서울로 가는 장삿배를 타고 일행 29명과 함께 제주도를 떠났으나 그날 심한 비바람을 만나 3일간 표류하다가 유구의 한 섬에 표착했

2011년 제주도 애월읍 한담공원에 세워진 녹담거사(鹿潭居士) 장한철 선생 표해 기념비.

습니다. 그리고 다음 해 1월 1일 신호를 보고 나타난 10여 명의 왜구에 의해 강도질을 당하고 값진 물건을 빼앗겼습니다.

다음 날 이들은 안남에서 일본으로 가는 상선을 만나 구조되었습니다. 1월 5일 구조된 일행은 안남 상선에서 저 멀리 한라산을 발견하고 환호하였습니다.

그런데 안남 왕자를 살해하고 보물을 탈취당한 사건으로 인해 제주 사람에게 앙심을 품고 있던 안남 사람들이, 이들이 제주도 출신임을 밝혀냈습니다. 그러자 이들은 바다 한가운데서 다시 표류를 하게 되었습니다. 다음 날 이들은 흑산도 주변의 청산도에 도착했으나 섬에서 21명이 죽는 사고를 당했습니다.

장한철은 훗날 과거에 합격하고 『표해록(漂海錄)』을 남겨 자신의 경험을 전했습니다. 이처럼 외국인에게 저지른 한 번의 잘못이 뒷날 많은 사람들에게 피해를 주기도 했습니다.

조선은 외국에 대해 문을 활짝 열어 둔 개방적인 나라가 아니었습니다. 조선은 명나라와 많은 교류를 원했지만, 문화적으로 수준이 낮다고 평가한 북쪽의 야인들이나 남쪽 일본에 대해서는 소극적으로 교류했습니다. 그런데 명나라가 바다를 이용해 교류하는 것을 막자, 조선은 육로로는 북경까지밖에 갈 수가 없어 명나라에 대한 자세한 정보를 제대로 갖지 못했습니다. 또 명나라의 해금(海禁) 정책과 일본 왜구들의 난동 탓에 조선은 바다를 자유롭게 이용하지 못했습니다. 조선은 해금 정책과 더불어 일부 섬에 사람을 살지 못하게 하는 공도(空島) 정책까지 실행하고 있었습니다.

외부와 소통이 막힌 조선이었지만 새로운 변화를 원하고 외국에서 열린 정보를 가져온 사람들이 있었습니다. 표류를 당해 명나라 남부인 강남 땅에 도착했다가 그곳에서 수차(水車, 물레방아) 등 새로운 정보를 가져온 사람이 있었습니다. 또 사신으로 청나라 수도 북경에 도착했다가 새로운 문물을 보고 돌아와 그 내용을 책으로 써서 조선 제일의 '베스트셀러' 작가가 되어 많은 사람들에게 큰 영향을 끼친 이도 있었습니다. 또 유구국, 필리핀, 마카오, 청나라를 여행하고 돌아와 정약전, 정도전 등 실학자들에게 새로운 문물을 소개해 준 홍어 장수도 있었고, 한국인 최초로 세계 일주에 성공하고 이를 책으로 펴내 조선의 변화를 촉구한 인물도 있었습니다.

우물 안 개구리로는 세상을 살아갈 수 없습니다. 외국에 나가 새로운 것을 보고 듣고 경험하여 조국의 변화를 촉구했던 많은 선조들 덕분에, 우리 역사는 보다 다채롭게 변화하고 발전할 수 있었던 것입니다. 어떤 이들이 조선에 새로운 정보를 가져와 조선의 변화를 촉구했는지 살펴보도록 하겠습니다.

제4부

닫힌 조선에 열린 정보를 가져온 사람들

명나라 강남 땅을 여행한 최부

최부(崔溥, 1454~1504)는 성종(成宗, 1457~1494) 임금을 모신 총명한 학
자 겸 관리였습니다. 그는 1487년 11월 추쇄경차관(推刷敬差官)으로 제주
도에 부임하여 근무했습니다. 추쇄경차관은 나라에서 시키는 노동이나 병
역을 거부하고 도망간 사람을 찾아내 잡아오는 관리입니다. 그는 1488년
1월 3일 고향에 계신 아버지가 돌아가셨다는 소식을 듣고, 서둘러 제주목
사가 마련해 준 배를 타고 고향 나주로 가다가 흑산도 부근에서 풍랑(風浪:
바람에 의한 높은 파도)을 만나 표류하게 되었습니다. 표류 도중에 해적을
만나 양식과 옷을 빼앗기는 수난을 겪기도 했습니다.

죽음과 맞서 싸운 13일간의 표류 끝에 최부를 포함한 43명을 태운 배는
중국 절강성 태주부 임해현에 도착하게 되었습니다. 그런데 명나라 사람
들은 최부 일행을 왜구라고 오해했습니다. 왜구는 명나라 해안가를 공격

하는 나쁜 짓을 일삼았기 때문에 최부 일행에게도 고통을 주었습니다. 하지만 곧 조선 사람임이 밝혀지자 그들은 항주(杭州)란 곳으로 옮겨져 명나라 관리들로부터 조사를 받았습니다. 이후 최부는 조선으로 돌아가기까지 중국이 자랑하는 대운하를 통하여 소주, 서주, 천진, 북경을 거쳤습니다. 최부는 명나라 수도 북경에서 황제로부터 뜻밖의 상까지 받게 됩니다. 이후 최부 일행은 고구려의 옛 터인 요동을 경유하여 148일 만에 전원이 무사 귀국하게 되었습니다.

최부가 한양에 도착하자 성종은 그에게 서둘러 표류 일기를 써서 제출하도록 명했습니다. 당시 조선 사람들은 북경 등 명나라의 북쪽 지방에 대해서는 많이 알고 있었지만, 명나라의 남쪽인 강남 지역에 대해서는 정보가 없었습니다. 이 때문에 성종은 최부가 본 것들이 궁금했던 것입니다. 다행히 최부는 여행 중에 틈틈이 기록해 놓은 자료가 있어서 이를 토대로 8일 만에 『표해록(漂海錄)』을 완성해 성종에게 바쳤습니다.

『표해록』에는 그가 표류를 하게 된 과정, 명나라 관리를 만나 신분과 표류 원인을 밝혀 북경으로 옮겨 가게 된 일, 북경에서의 생활, 명나라 황제를 만난 경험담, 북경 출발 후 요동을 거치며 얻은 견문, 압록강을 건너 의주에 도착하기까지의 여정 등이 자세히 기록되었습니다. 이 책에는 이런 내용도 담겨 있습니다.

그가 소주의 고소역이란 곳에 머물고 있을 때 두 명의 명나라 관리가 찾아와서 조선에 대해 궁금한 점을 물었습니다.

"당신네 나라는 무슨 비결이 있어서 수와 당의 군대를 물리칠 수 있었습니까?"

그러자 최부는 이렇게 대답했습니다.

"슬기로운 신하와 용맹 있는 장수가 군사를 잘 부리며, 병졸된 자들은 모두 충성스러워 죽음을 두려워하지 않습니다. 그 때문에 고구려는 한 작은 나라로서 오히려 천하의 백만 대군을 두 번이나 물리쳤던 것입니다. 지금은 신라, 백제, 고구려를 합쳐 한 나라가 되었으니 땅은 크고 재물은 넉넉하며 군사는 강성하고 충성스럽고 슬기로운 인재들이 헤아릴 수 없을 정도로 많습니다."

조선이 고구려의 정통성을 잇고 있음과 조선의 실정이 강하다는 것을 과장하여 자랑했던 것입니다. 명나라가 큰 나라라고 조선을 얕잡아 보지 못하도록 하기 위함이었습니다. 그는 조선의 강점을 명나라에 알렸습니다. 또한 당시 조선의 선비들이 명나라를 선진국이라고 부러워할 즈음, 최부는 환관이 정치를 장악하는 잘못된 명나라의 실정을 질타하는 비판 정신도 가지고 있었습니다. 최부는 요동 땅을 지나면서 이곳이 옛 고구려의 땅이므로 조선과 친밀한 땅임을 강조하기도 했습니다.

최부는 명나라에서 경제와 문화가 가장 발달한 강남 지방을 자세히 볼 수 있었습니다. 항저우에서 북경까지 1,800km(서울과 부산 간의 4배 거리)에 달하는 대운하를 처음으로 지나간 조선 사람이었습니다. 최부는 비록 명나라를 잠시 방문했지만 조선의 농민들을 위해 중국식 수차의 제작 기술을 꼼꼼하게 배워 왔습니다. 수차는 낮은 곳에 흐르는 하천의 물을 높은 지대의 논밭으로 끌어올리는 매우 편리한 기구였습니다. 농사를 지을 때 논밭에 물을 적절하게 공급해 주는 것은 대단히 중요한 일이지만 매우 힘이 드는 일이기도 합니다. 그런데 수차는 일일이 손으로 물을 퍼서 올리지 않고 발로 밟기만 하면 물이 퍼 올려지는 기구였습니다. 최부는 책에만 빠진 학자가 아니라 실생활에 도움이 되는 것이라면 무엇이든 배우고자 하는 열정이 넘치는 사람이었습니다. 최부는 직접 목공에게 수차 만드는 법을 배우기도 했습니다.

최부는 조선의 이익을 우선적으로 생각하는 애국적인 선비였습니다. 성종은 최부에게 상을 주는 한편 그에게 수차를 만들어 올리라는 명을 내렸습니다. 40일이 지난 후 최부는 목공을 일일이 가르쳐 수차를 완성했습니

상해에 위치한 시탕[西塘] 마을은 대표적인 수곽(水廓: 물가에 있는 마을)이다. 최부가 방문했던 중국 강남 지방은 강북과 달리 이처럼 물이 풍부한 지역이다.

다. 최부는 임금의 명령을 이행한 후 곧 자식의 입장으로 돌아가 아버지의 삼년상(三年喪)을 치르기 위해 고향으로 내려갔습니다. 아버지가 돌아가신 그다음 해에 어머니도 돌아가셨기 때문에 최부는 4년간 상을 치렀습니다. 1491년 상을 마치자 성종은 최부를 불러 관직을 올려주었습니다. 하지만 그는 **연산군**(燕山君, 1476~1506)* 시기에 정치적 갈등에 휩싸여 1504년 그만 죽임을 당하고 말았습니다.

최부는 6개월 동안 표류를 하면서 다양한 경험을 했습니다. 그는 당시

연산군 조선 제10대 왕으로 1494년 왕위에 오른 후 무오사화(戊午士禍)와 갑자사화(甲子士禍)를 일으켜 많은 선비를 죽이거나 귀양을 보냈다. 또한 성균관의 학자를 내쫓거나 향락에 빠지는 등 폭정을 일삼았다. 결국 중종반정(中宗反正)으로 1506년 폐위되었다.

35세의 젊은 나이였지만 해박한 지식과 함께 조선 사람이라는 자부심을 가진 당당한 선비였습니다. 그는 닫혀 있던 조선 사회에 새로운 정보와 지식을 전달했습니다. 수차를 보고 배워 조선 환경에 응용하려는 그의 노력은 조선 후기 실학자들의 실용적인 학문 태도와 같습니다. 이런 점에서 볼 때 그는 실학자들의 선구자로 높게 평가할 수 있을 것입니다.

일본에서 더욱 인기를 끈 최부의 『표해록』

최부의 『표해록』은 조선 전기 해양 문학의 대표작이며 조선 시대에 다섯 번이나 간행되었고, 한글은 물론 일찍부터 일본어로도 번역되어 출판되었습니다. 어떤 이는 이 책을 마르코 폴로(Marco Polo, 1254~1324)의 『동방견문록(東方見聞錄)』, 엔닌[圓仁] 스님의 『입당구법순례행기(入唐求法巡禮行記)』와 더불어 3대 중국 기행 문학이라고 치켜세우기도 합니다. 그만큼 중국을 깊숙이 바라본 책이라는 것입니다.

조선은 최부를 통해 중국 남쪽 지역 상황에 대한 정보를 얻을 수 있었고, 수차 만드는 법 등을 배울 수 있었습니다. 당시 조선은 정기적으로 명나라 수도 북경으로 사신을 보냈지만 일본은 그렇지 못했습니다. 그래서 최부의 『표해록』은 조선보다 중국 정보에 목말랐던 일본에서 더욱 인기를 끌었습니다.

마르코 폴로는 이탈리아의 상인으로서 원나라에서 17년 동안 살면서 관직에 올랐으며 중국 각지를 여행하였다. 그가 지은 『동방견문록』은 유럽 사람들에게 동양에 대한 관심을 불러일으켰으며 훗날 콜럼버스의 신항로 개척에 큰 영향을 끼쳤다.

청나라 여행으로
인생이 바뀐 박지원

1737년 조선의 수도 한양 땅에서 명문가의 자손으로 태어난 박지원(朴趾源, 1737~1805)은 어려서부터 매우 총명하였고 글을 잘 쓰는 인물이었습니다. 그는 1765년 첫 과거에서 실패한 후 오직 학문과 글쓰기에만 전념하였습니다. 박지원은 박제가(朴齊家, 1750~1805), 홍대용(洪大容, 1731~1783), 이덕무(李德懋, 1741~1793), 이서구(李書九, 1754~1825), 유득공(柳得恭, 1749~1807) 등 당시 새로운 학문인 실학에 관심이 많은 벗들과 사귀면서 천문학, 역사, 과학, 농업학 등 다방면에 걸쳐 많은 공부를 했습니다. 하지만 벼슬길에 오르지 못해 살림은 점점 가난해졌고, 당시 권세를 누리던 홍국영(洪國榮, 1748~1781)과 사이가 나빠진 탓에 한양을 떠나 황해도 금천군 연암협이란 곳으로 옮겨 가 살았습니다.

그러던 그의 삶에 큰 변화가 찾아왔습니다. 1780년 청나라 황제의 70세

축하 사절로 조선에서 사신을 보내는데, 그의 팔촌 형인 박명원(朴明源, 1725~1790)이 사신단을 인솔하는 정사로 임명되어 그에게 청나라에 다녀오자고 권유한 것입니다. 당시 사신들은 자식이나 동생을 사신의 개인 비서인 호위군관으로 데려가 세상에 대한 견문을 넓히게 했는데 박지원도 호위군관으로 청에 다녀오게 된 것입니다.

그는 1780년 6월 24일 압록강을 건너 청나라 수도 연경과 청나라 황제의 피서지인 열하(熱河)를 여행하고서 10월 27일 귀국할 때까지 자신이 직접 본 것, 사람들과 만나서 대화한 것 그리고 자신이 생각한 것을 『열하일기(熱河日記)』라는 책으로 썼습니다. 당시 사신들은 연경에 다녀온 기록, 즉 '연행록(燕行錄)'을 많이 남겼습니다. 이 가운데 『열하일기』는 박지원의 독특하고도 빼어난 문장력, 여러 방면에 걸친 사회 문제에 대한 풍자로 인

박지원이 방문했던 만리장성 산해관(山海關). 산해관은 만리장성의 동쪽 끝에 자리하고 있어 천하제일관(天下第一關)으로 불리었으며 북방 이민족의 침입을 방어하는 군사적 요충지였다.

해 조선 후기 문학과 사상을 대표하는 걸작으로 꼽힙니다. 이 책은 풍물과 풍속을 구체적으로 묘사하였을 뿐만 아니라 청나라의 역사와 우리나라 역사에 대한 기록도 담겨 있어 한 편의 소설처럼 재미있습니다. 그래서 출간 당시에도 베스트셀러가 되어 순식간에 그를 유명한 인물로 만들었습니다. 그 덕분에 박지원은 1786년 50세가 되던 해에 과거 시험을 보지 않고 특별히 음사(蔭仕: 과거 시험을 치르지 않고 조상의 공으로 벼슬을 얻는 일)라는 제도를 통해 벼슬길에 올라 한성부판관(漢城府判官), 안의현감(安義縣監), 면천군수(沔川郡守), 양양부사(襄陽府使) 등의 관직에 오르게 되었습니다. 1780년 청나라 여행이 그의 삶을 완전히 변화시킨 셈입니다. 여행은 때로 사람의 운명을 완전히 변화시키기도 하는 것입니다.

청나라는 1644년 명나라를 멸망시키고 대륙을 지배한 초강대국이었습니다. 조선이 받들어 섬길 수밖에 없는 강대국이었지만 과거 한때 조선에게 조공을 바치기도 했던 만주족(滿洲族)*이 세운 나라였습니다. 게다가 청은 1636년 조선을 침공하여 조선에게 굴욕적인 항복을 강요한 나라이기도 합니다. 이런 과거 때문에 조선에서는 청나라를 오랑캐가 세운 나라로 여기고 그들의 뛰어난 문물을 받아들이는 것을 거부했습니다. 청나라는 당시 세계에서 가장 크고 발전된 나라였고 서양의 지식과 문물이 많이 들어와 있는 문화 선진국이었습니다. 그럼에도 불구하고 조선은 청나라를 배우려고 하지 않았습니다.

하지만 조선에서도 청나라와의 과거를 잊고 청나라의 앞선 문물을 배우

만주족 중국 만주 일대에 분포하고 있는 퉁구스계 종족이다. 숙신, 말갈, 여진 등이 이에 속하는데, 여진족의 누르하치는 1616년 여러 부족을 통일하고 후금을 세우기도 했다. 후금은 1636년 국호를 '청'으로 바꾸었다.

고자 하는, 북학파(北學派)라 불리는 학자들이 등장했습니다. 박지원을 비롯한 홍대용, 박제가 등이 바로 북학파의 대표자였습니다.

1780년 6월 압록강을 건넌 사신단은 요동 땅을 지나 청나라의 수도 북경에 도착했습니다. 그런데 청 황제가 여름 별장이 위치한 열하라는 곳에 있다는 소식을 듣고 그곳까지 갔다가 다시 북경을

박지원의 초상화. 그는 청나라를 방문한 후 커다란 문화적 충격에 빠졌다. 그리고 청나라의 문물을 적극적으로 받아들여야 조선 백성의 삶이 나아진다고 확신했다.

거쳐 10월에 한양으로 돌아오게 되었습니다. 약 4개월간의 여행을 통해 박지원은 청나라의 실체를 알게 되었고 청나라를 적극적으로 배우자고 주장하게 됩니다. 오랑캐라고 낮추어 보았던 청나라를 발전된 나라, 조선이 배워야 할 나라라고 인정하는 것은 당시 선비들에게 쉬운 일이 아니었습니다. 박지원은 당시 조선 선비들이 명분만을 앞세워 청나라를 배우지 않고, 옛것만 고집해 실용적인 학문을 멀리하는 것을 비판했습니다.

박지원은 청나라 사람들이 사용하는 벽돌의 장점과 편리함을 이야기하고 우리도 사용하자고 주장했습니다. 또한 청나라 사람들이 사용하는 수레를 보고 이렇게 말했습니다.

"수레는 백성들에게 가장 중요한 것이어서 시급히 연구하지 않을 수 없다. 조선은 수레가 제대로 보급되지 않아 운반이 어려워서 바닷가 사람들

『열하일기』의 표지. 박지원은 이 책을 통해 정치, 경제, 병사, 천문, 지리, 문학 등 다양한 분야의 발전된 문물을 소개하였다.

은 지천으로 널려 있는 새우와 정어리를 밭에 거름으로 사용하지만 한양에서는 한 움큼에 한 푼이나 주고 사야 하며 경상도 아이들은 새우젓이 무엇인지 모른다. 나라가 가난한 것은 수레가 다니지 못한 까닭이다. 그럼에도 불구하고 **사대부(士大夫)***들은 수레를 만드는 기술이나 움직이는 방법에 대해서 연구하지 않고 한가로이 글만 읽고 있다.”

박지원은 단순히 외국의 것만 보고 기록한 것이 아니라 배워야 할 점, 고쳐야 할 점을 정확히 지적하고 개선 방안을 제시하고 있습니다. 그는 시장, 상점 등 백성들의 삶에 도움이 되는 것들을 소개하고 이를 적극 활용하자는 주장을 펼칩니다.

『열하일기』에는 「호질(虎叱)」, 「허생전(許生傳)」을 비롯한 단편소설도 실려 있습니다. 「허생전」은 남산골 아래 가난한 선비가 부자에게 돈을 빌려 큰 재물을 얻어 가는 이야기로, 양반도 적극적으로 일을 해야 한다는 그의 주장이 담긴 작품입니다. 「호질」은 양반 계급의 위선을 강력하게 비판한 작품입니다.

▌ **사대부** 학자와 관리를 뜻하며, 조선 시대에는 평민과 반대되는 지배 계급을 의미하는 말로 사용되었다.

박지원은 실용적인 학문을 통해 조선을 발전시킬 방안을 찾고자 했습니다. 박지원은 토지 제도 개혁, 화폐 개혁, 상업 중시 정책 실시 등을 주장했습니다. 그리고 그는 단지 주장으로만 그치지 않았습니다. 그가 관리로 일하면서 각종 수차와 베틀, 물레방아 등을 직접 제작하여 사용하는 등 자신이 보고 들은 것을 실천하기도 했습니다. 또한 벽돌로 집을 짓기도 했습니다.

그에게 청나라 여행은 조선의 현실을 바로 보게 하고, 조선을 개혁하려면 무엇부터 해야 하는지에 대해 생각할 수 있는 기회가 되었고, 그 자신도 변화시켰습니다. 만약 그가 여행을 떠나지 않았다면 그는 이름 없는 선비로 삶을 마감했을지도 모릅니다.

박지원의 『열하일기』는 많은 이들에게 영향을 끼쳤습니다. 하지만 그를 비롯한 북학파는 정치적인 권력을 갖지 못한 사람들이었기에 그들의 생각이 당시 국가 정책에 반영되지 못한 아쉬움이 남습니다.

1781년 박지원은 후배인 박제가가 지은 『북학의(北學議)』*에 붙일 서문에 이렇게 썼습니다.

"학문하는 길에는 방법이 따로 없다. 모르는 것이 있으면 길가는 사람이라도 붙잡고 묻는 것이 옳다. 비록 하인이라 할지라도 나보다 글자 하나라도 많이 알면 우선은 그에게 배워야 한다. …… 우리를 청나라 사람들과 비교해 본다면 진실로 한 치의 나은 점도 없다. 그럼에도 단지 머리를 깎

북학의 실학자 박제가가 청나라를 시찰하고 돌아와 1778년 저술한 책이다. 2권 1책으로 구성되었으며 일상 생활에 필요한 기구와 시설을 소개하는 것부터 농업 기술 개량과 외국과의 무역의 이점 등 청나라의 풍속과 제도를 설명하고 있다. 여기에 실사구시(實事求是)의 사상을 바탕으로 선진국의 문물을 받아들여야 한다는 의견을 덧붙이고 있다.

지 않고 상투를 튼 것만 가지고 스스로 천하 제일이라고 하면서 '지금의 중국은 옛날의 중국이 아니다.'라고 말한다. 그 산천(山川: 산과 강, 즉 자연을 이르는 말)은 비린내와 노린내가 난다고 비난하고, 그 백성은 개나 양이라고 욕을 하고, 그 언어는 오랑캐 말이라고 모함하면서 그들의 훌륭한 법과 아름다운 제도마저 배척해 버리고 만다. 그렇다면 장차 어디에서 본받아서 실천해 나갈 것인가?"

조선에서 하인은 사람이 아닌 동물이나 다름없이 천시되고 있었습니다. 그런데 박지원이 하인에게까지 배우라고 한 것은 실로 엄청나게 혁신적인 생각이라고 할 수 있습니다. 여행을 통해 잘못된 청나라에 대한 선입견을 내버리고 그들에게 적극 배워야 함을 주장한 그는 시대를 앞서간 위대한 사상가라고 하겠습니다.

조선 사신단의 구성과 역할

현재 우리나라는 전 세계 200여 개 국가와 외교, 무역 등의 관계를 맺고 살아가지만 조선 시대에는 겨우 중국의 명, 청 그리고 야인(野人: 당시 여진족을 이르던 말), 일본, 유구국 등 소수의 나라와 왕래했을 뿐입니다. 이런 주변 나라 가운데 명나라, 청나라와의 관계는 다른 나라와의 관계보다 월등히 중요했습니다.

조선에는 정월 초하룻날 신년 새해를 축하하러 가는 정조사(正朝使), 황제나 황후의 생일에 축하하러 가는 성절사(聖節使), 매년 동지를 전후해 방문하는 동지사(冬至使) 등의 정기 사신단과 특별하게 조선이 명, 청에게 사례를 하거나 요청할 일이 있거나 축하할 일이 있을 때 보내는 임시 사신단이 있었습니다.

이들 사신단은 사신인 정사와 부사 2명과 기록관인 서장관, 통역관, 화가, 호위군관 등 40여 명으로 구성되었습니다. 사신들이 명, 청에 갈 때는 공물로 인삼, 호랑이 가죽, 종이, 모시, 명주 등 조선의 특산물을 가지고 갑니다. 물건을 가지고 가기 때문에 상인들도 짐꾼으로서 사신단과 함께 가게 됩니다. 따라서 마부, 짐꾼까지 포함한 사신단의 전체 규모는 400여 명에 달합니다. 사신단과 함께 간 상인들은 공식적으로 허락을 받고 명, 청과 교역을 할 수 있었습니다. 이를 공무역(公貿易)이라고 하는데 조선에 필요한 서적, 비단 등 다양한 물건이 거래되었습니다. 또한 조선이 공물을 바치면 명, 청은 하사품이란 명목으로 다양한 물건을 조선에게 주었는데 이는 요즘의 국제 교역과 같은 것입니다.

또한 조선 후기 실학자들은 사신단의 일원으로서 청나라를 방문하여 새로운 학문과 지식을 보고 배워 올 수 있었습니다. 사신단이 있었기에 조선은 외부 세계의 변화를 보고 배워 변화를 꾀할 수 있었던 것입니다.

유구국과 필리핀을
다녀온 문순득

문순득(文淳得, 1777~1847)은 1777년 전라남도 신안군 우이도에서 태어난 섬사람입니다. 전라도의 대표적인 토속 음식 중 하나가 흑산도 홍어(洪魚: 가오릿과 바닷물고기)입니다. 문순득은 홍어를 사서 나주 등지에 내다 파는 홍어 장수였습니다. 그는 1801년 12월에 대흑산도 남쪽에 있는 태사도로 홍어를 사러 갔다가 돌아오는 길에 풍랑을 만났습니다. 그의 배는 흑산도 부근에서 파도에 밀려 제주도로 흘러갔습니다. 제주도를 눈앞에 두고도 풍랑 때문에 접근하지 못하고 계속해서 동남쪽으로 떠내려갔습니다. 결국 망망대해를 표류하다가 9일 만에 일본 남쪽에 위치한 유구국의 한 섬인 대도(大島: 오늘날의 일본 아마미 오시마)에 도착했습니다. 유구국은 조선과 일찍부터 교류를 하였던 나라로, 당시 조선과 유구는 서로의 표류민에 대해서 돌보아 주고 다시 귀국할 수 있게 도와주는 국제 협력 관계를 맺고 있었습니다. 유구국에는 종종 조선 사람들이 표류해 왔기 때문에 그들에게는 문순득 일행이 낯설지 않았습니다. 그래서 문순득 일행은 그들에게 물과 먹을 것을 공급받고 약 8개월 동안 살게 되었습니다.

문순득은 평범한 홍어 장수였지만 관찰력이 뛰어나고 총명한 사람이었습니다. 그는 유구국에 살면서 그들의 언어, 풍속, 의복, 선박, 토산품, 집에 대해서 정확하게 기억했습니다. 예를 들어 유구에는 가족묘라는 독특한 전통 장례 문화가 있었는데 문순득은 이를 자세하게 기록해 두었습니다.

1802년 2월 문순득 일행은 중국을 통해 조선으로 돌아가고자 유구를 떠났습니다. 그런데 함께 떠난 3척의 배 가운데 2척이 풍랑을 만나 문순득 일행 중 6명이 죽었습니다. 문순득은 또다시 표류를 당한 것이었습니다. 문순득이 도착한 곳은 여송(呂宋)이라 불렸던 오늘날의 필리핀이었습니다. 필리핀은 한자를 쓰지 않는 나라였고 조선과 교류가 전혀 없었습니다. 문순득은 전혀 들어 본 적도 없고 알지도 못하는 나라였습니다. 그가 도착한 곳은 일룸(오늘날 필리핀 북부 루손 섬의 일로코스 지역)이었습니다. 그는 신묘(神廟)라는 곳을 묘사했는데 이것은 천주교의 성당이었습니다. 필리핀은 당시 스페인의 식민지로 천주교가 전파된 곳이었습니다.

문순득은 이곳에서도 놀라운 적응력을 발휘했습니다. 부엌이 집에서 멀리 떨어져 있으며 남자가 부엌일을 하고 어른을 만나면 손을 맞대어 냄새를 맡는 필리핀의 풍속을 관찰해 두었습니다. 문순득은 9개월간 이곳에 머무르면서 귀국할 수 있다는 희망을 품고서 살아갈 방법을 찾았습니다. 그리고 실을 사서 노끈을 꼬아 만들어 팔았습니다. 그는 표류민임에도 불구하고 장사를 해서 생활비와 돌아갈 여비를 마련했던 것입니다.

문순득은 마침내 고국으로 돌아갈 기회를 잡았습니다. 그는 여송국에서 중국으로 가는 상선을 타고 오늘날의 마카오에 도착했습니다. 그는 그곳에서 관리들에게 조사를 받은 후 객사에서 3개월간 머물며 마카오의 문화를 경험했습니다. 마카오는 유럽의 문화가 널리 전파된 곳입니다. 문순득은 마카오에 전파된 유럽의 문화를 우리나라 사람 가운데 최초로 경험하게 된 것입니다.

그는 상인답게 마카오 시장에서 다양한 화폐가 사용되는 것을 유심히 살펴보고, 화폐가 장사에 큰 도움이 될 것이라고 생각했습니다. 그는 다시 마카오를 출발해 이번에는 육로로 청나라 땅을 통과하였습니다. 1년 2개월 만에 그는 압록강 의주를 통과해 마침내 조선으로 돌아올 수 있었습니다. 결국 그는 1805년 1월 8일 고향에 돌아오게 되었으니 3년 2개월 만에 고향으로 돌아온 것입니다.

그가 우이도에 도착했을 때 유명한 학자인 정약전이 이곳에 유배를 당해 와 있었습니다. 정약전은 문순득이 보고 들었던 다른 나라의 풍속과 언어에 관계된 체험담을 듣고, 이것을 글로 남겨 『표해시말(漂海始末)』이라는 책을 썼습니다. 이 책에는 중국, 유구, 여송 지역의 풍속과 언어, 표류의 일정, 풍속, 궁궐, 의복, 선박, 토산품 등이 체계적으로 서술되어 있습니다. 문순득은 평범한 어민이었기에 정복자나 양반들 같으면 쉽게 지나쳤을 생활 풍속이나 언어 등 생활 자료들에 관심을 가졌습니다. 그리고 그의 뛰어난 관찰력과 기억력 덕분에 이 책에는 200년 전 유구국, 여송국의 생활 풍습 등 다른 나라에 대한 많은 정보가 담길 수 있었습니다. 특히 이 책에는 112개 단어를 우리말, 유구어, 여송어로 비교하여 기록했는데 이는 언어학

적으로 매우 큰 가치가 있습니다. 이 책은 유구의 역사와 언어를 이해하는 데 큰 가치가 있는 것으로 평가되고 있습니다.

또한 문순득이 마카오에서 본 화폐의 유용성에 대한 것은 정약전을 통해 정약용에게 전해졌습니다. 당시 정약용은 새로운 화폐 개혁안을 글로 제시하기도 했습니다. 정약용의 제자인 이강회(李綱會)는 먼 길을 마다하지 않고 우의도까지 문순득을 찾아갔습니다. 이강회는 문순득이 본 외국의 선박에 대한 이야기를 듣고 우리나라 최초의 선박 관련 서적인 『운곡선설(雲谷船說)』을 완성했습니다.

필리핀 어를 익힌 문순득은 나라에 큰 도움이 되기도 했습니다. 1801년 가을 외국인이 제주도에 도착했는데 말이 통하지 않아 어느 나라 사람인지 알 수가 없어 9년 동안이나 그들을 자기 나라로 돌려보내지 못했습니다. 1809년 6월 문순득이 다른 나라 언어를 알고 있다는 것이 알려지자 조선 정부에서는 그를 불러 외국인들과 만나게 했습니다. 문순득은 그 사람들의 용모와 복장을 보니 자신이 여송국에서 만난 사람들과 같았습니다. 그래서 여송국의 언어로 대화를 나누었습니다. 그러자 여송국에서 표류해 온 사람들은 감격에 겨워 정신을 못 차리고 미친 듯이 울었습니다. 문순득은 우리나라 최초의 필리핀 어 통역관이었던 셈입니다.

사실 조선은 표류인들에게 그리 관대한 나라가 아니었습니다. 그나마 문순득이 있었기에 여송국 사람들이 꿈에 그리던 고향으로 돌아갈 수 있었던 것입니다. 문순득은 필리핀과 우리나라의 우호 관계에도 큰 역할을 한 셈입니다.

문순득의 표류 경험은 정약전을 비롯해 정약용, 그의 제자인 이강회 등

『표해시말』은 문순득의 표류 체험기를 귀양살이를 하던 정약전이 전해 듣고 기록으로 남긴 것이다. 만약 문순득이 정약전을 만나지 못했더라면 그의 표류기가 책으로 엮일 수 있었을까?

여러 학자들에게 세계에 대한 정보를 들려주었습니다. 그의 표류 경험은 우리나라 학자들이 넓은 세계를 볼 수 있는 안목을 갖추는 데 큰 도움이 되었습니다. 그는 실로 위대한 '표류민'이었습니다.

정약전과 『자산어보』

정약전은 정약용 선생의 형입니다. 동생이 워낙 유명한 학자이기는 하지만 형인 정약전도 뛰어난 학자였습니다. 정약전 형제는 모두 정조(正祖, 1752~1800) 임금의 사랑을 받아 출세를 했으나, 정조가 죽은 후 천주교를 배웠다는 이유로 유배 형벌을 받아야 했습니다. 정약용은 강진의 다산초당(茶山草堂)에서 18년간 유배 생활을 했고, 정약전은 신안군 흑산도로 보내져 15년간 유배 생활을 했습니다. 정약용은 강진에서 주변 사람의 도움을 받아 많은 책을 접하고 여러 책을 썼지만, 정약전은 흑산도로 유배되었기 때문에 볼 만한 책도 없어 책을 많이 쓰지 못했습니다.

정약전이 어부 장창대의 도움을 받아 완성한 『자산어보』

하지만 강한 탐구심을 가진 정약전은 우이도에서 문순득을 만나 그의 이야기를 꼼꼼히 적은 『표해시말』이란 책을 썼습니다. 뿐만 아니라 정약전은 『자산어보(玆山魚譜)』도 썼습니다. 이 책은 장창대(張昌大)라는 어부의 도움을 받아 흑산도 주변의 해양 생태계를 조사하여 약 220여 종의 어류에 대한 설명을 저술해 놓은 어류 백과사전이라고 할 수 있습니다. 우리나라 최초의 해양 생태 관찰 기록이며, 오늘날의 백과사전과 비교해도 될 만큼 정확한 기록을 해 두었습니다.

흑산도 유배문화공원에 세워진 비석. 흑산도는 예로부터 대표적인 유배지였으며 정약전 외에도 김재로, 박우현, 최익현 등 여러 관리들이 이곳에서 유배 생활을 했다.

흑산도 사리에 위치한 사촌서당(沙邨書堂)은 정약전이 아이들을 가르친 곳이기도 하지만 특히 『자산어보』를 집필한 곳으로 유명합니다. 이때 정약용은 정약전에게 그림보다 글로 쓰는 게 좋겠다는 등 조언을 아끼지 않았습니다. 비록 몸은 멀리 떨어져 있었지만 편지를 통해 마음과 의견을 주고받았고 덕분에 훌륭한 책을 완성할 수 있었습니다.

그런데 정약전은 우이도, 흑산도를 오가면서 생활하다가 결국 우이도에서 생을 마감해야 했습니다. 정약전은 양반의 신분이라고 해서 거드름을 피우기보다는 현지인과 마음을 터놓고 지내면서 이들과 함께 큰 업적을 이루었습니다.

정약전이 흑산도에서 아이들을 가르쳤던 사촌서당을 복원한 모습.

자주 발생했던 표류

최부, 김태황, 장한철, 문순득 등 조선 사람들 가운데 표류를 한 사람은 많았습니다. 이들이 표류를 한 계절은 대개 겨울철입니다. 음력 10월부터 1월까지는 동아시아 지역에서 북풍 계열의 바람이 붑니다. 이 바람을 활용하면 한반도 서남해안 지역에서 제주도를 거쳐 오키나와, 동남아시아 지역까지 항해가 가능합니다. 그런데 이 바람은 종종 방향을 예측할 수 없어 많은 배들을 표류시켰습니다. 제주도에서 겨울철에 전라도로 항해하는 배들이 표류를 당하게 되는 것은 바로 바람과 예측할 수 없는 해류 때문이었습니다.

여름철의 경우에는 남쪽에서 올라오는 쿠로시오 해류(Kuroshio 海流)를 타고 동남아시아에서 한반도 방면으로 쉽게 올라올 수 있습니다. 이때 종종 외국 사람들이 제주도에 표류해 오기도 합니다.

1845년 한국 최초의 천주교 신부인 김대건(金大建, 1821~1846)도 상해에서 라파엘호를 타고 귀국하다가 제주도 용수리 해안에서 표류한 바 있다. 이처럼 제주에서는 수많은 표류 사건이 발생했다.

세계 일주를 한 유길준

유길준(兪吉濬, 1856~1914)은 19세기 말 조선 사회에 커다란 충격을 가져온 『서유견문(西遊見聞)』의 저자로 유명한 인물입니다. 19세기 말 조선은 개항(開港: 다른 나라와 통상을 할 수 있도록 항구를 열고 외국 선박의 출입을 허락하는 것)이라는 급격한 사회 변화를 겪었습니다. 낯선 서양인과 서양화된 일본인들이 조선에 나타나 조선의 여러 이익을 빼앗는 상황이 벌어졌습니다. 서양에 대한 제대로 된 정보조차 없던 조선 사람들은 당황할 수밖에 없었습니다.

이때 일본과 미국에서 유학 생활을 한 경험을 바탕으로 『서유견문』을 써서 조선 백성들에게 전 세계에 대한 정보를 소개하고, 변화하는 세상에서 조선이 어떤 태도를 취해야 할 것인가에 대한 방향까지 제시한 인물이 유길준입니다.

유길준은 한양에서 유진수(兪鎭壽)의
아들로 태어나 어려서 아버지와 외할아
버지 이경직(李耕稙, 1841~1895)으로부
터 학문을 배웠습니다. 이경직은 큰 부
자로 양반들의 거주지인 한양 북촌에
거주하며 당시 권력을 쥔 집권층이었던
노론(老論) *들과 친분 관계를 맺고 있었
습니다. 그는 젊은 시절 당시 새로운 사
상을 전한 개화파(開化派)의 거두 박규

조선 최초의 국비 유학생, 유길준.

수(朴珪壽, 1807~1876)의 제자가 되었습니다. 유길준은 박규수의 사랑방에
서 훗날 급격한 개화를 주장하게 되는 김옥균(金玉均, 1851~1894), 박영효
(朴泳孝, 1861~1939), 홍영식(洪英植, 1855~1884) 등과 사귀었고 서양 학문
을 공부하며 개화사상을 가지게 됩니다.

한편 1876년 **강화도 조약**(江華島 條約)* 이후 조선 정부는 서양 문물에
큰 충격을 받고 이를 적극 수용, 배워야 한다는 생각을 가지게 되었습니다.
특히 짧은 기간 동안 놀라운 변화를 한 일본에 주목하고, 일본의 변화를

노론 조선 선조 때 이조전랑(吏曹銓郞) 자리를 두고 김효원(金孝元)과 심의겸(沈義謙)이 대립하면서 처음
붕당(朋黨)이 형성되었다. 이후 조선의 정치가들은 각기 다른 붕당으로 나뉘어 경쟁을 하였고 이 과정에서
정치적인 견제와 비판을 바탕으로 발전적인 방향을 모색했는데 이를 붕당정치(朋黨政治)라고 한다. 그러나
점차 붕당 간 권력 투쟁이 심화되면서 자기 당의 권력과 이익만을 좇게 되어 붕당정치는 변질되었다. 동인
(東人)과 서인(西人)으로 갈린 붕당은 훗날 동인이 남인(南人)과 북인(北人)으로, 서인은 노론(老論)과 소론
(少論)으로 분열되었다.

강화도 조약 1875년 일본은 군함 운양호를 강화 해협에 불법으로 침입시켜 조선군과 충돌을 일으켰고 이를
빌미로 조선에게 배상과 수교(修交)를 요구했다. 이듬해 조선은 군사력을 앞세운 일본의 강압에 못 이겨 강
화도 조약을 체결하였다. 이 조약의 내용은 부산과 인천, 원산 항구를 개항하는 것을 비롯해 조선에게 불리한
조항이 많이 담겼다. 조선이 외국과 맺은 최초의 근대식 조약이다.

시찰하는 시찰단을 파견하기로 결정하였습니다. 신사유람단(紳士遊覽團)이라 불린 **조사시찰단(照査視察團)***에 참가한 사람은 대부분 20~30대의 젊은 층이었는데, 유길준도 단장인 어윤중(魚允中, 1848~1896)의 수행원으로서 일본에 가게 되었습니다.

1881년 4월부터 7월까지 4개월간 일본 각지를 여행하고 일본의 정치인, 학자들과 만난 조사단은 조선으로 귀국하게 됩니다. 하지만 유길준은 조선으로 돌아가지 않고 일본에 머물며 친분을 맺은 일본의 개화사상가 후쿠자와 유키치[福澤諭吉]가 세운 학교인 '게이오 의숙[慶應義塾]'에서 공부했습니다. 그는 조선 최초로 서양식 학문을 배운 유학생이 된 것입니다.

다음 해 일본에 조선의 사절단이 오자 유길준은 통역을 맡아 활약한 후 1년간의 유학 생활을 마치고 귀국하게 됩니다. 1882년 조선은 미국과 수호 통상 조약을 맺어 미국과 외교 관계를 맺었습니다. 1883년 조선은 보빙사(報聘使)라는 이름으로 미국에 사절단을 파견하였는데 유길준도 여기에 포함되어 미국으로 건너갔습니다.

미국에 간 유길준은 이곳에서도 공부에 뜻을 두었고, 조선으로 귀국하지 않은 채 대학 진학을 준비했습니다. 유길준은 일본에서 사귄 미국의 생물학자 모스에게 8개월간 개인 지도를 받고 대학 진학을 위한 예비 학교인 더머 아카데미(Dummer Academy)에 입학했습니다. 그리고 조선에서도, 서양에 대해 제대로 공부한 사람이 필요했기 때문에 유길준의 학

조사시찰단 1881년 조선이 일본에 파견한 시찰단이다. 당시 조선은 해외 사정과 선진 문물에 대해 어두웠기 때문에 고종은 일본으로 시찰단을 파견하고 일본의 문물과 제도를 확인하도록 했다. 시찰단은 12명의 전문 위원과 그 수행원을 합쳐 60여 명으로 구성되었는데 약 4개월간 일본을 여행하면서 선진 문물을 배워 왔다. 조사시찰단의 성과는 조선의 개화 여론이 커지는 데 큰 역할을 하였다.

비를 지불해 주었습니
다. 유길준은 조선 최
초의 국비 유학생이었
던 셈입니다.

그런데 1884년 조
선에서 급격하게 개화
를 해야 한다고 주장
하는 김옥균, 박영효
등의 개화파가 갑신정

보빙사 기념사진. 보빙사는 우리나라가 서양에 파견한 최초의 외교 사절단이다. 미국에서 아서 대통령을 접견하였으며 우편 제도, 농업 기술 등 다양한 문물을 접했다. 보빙사의 일원이었던 홍영식은 조선으로 돌아온 뒤 최초의 우편 행정 기관인 우정총국(郵征總局)을 설립하였다.

변(甲申政變)*을 일으켜 권력을 잡는 사건이 발생했습니다. 하지만 갑신정
변은 3일 만에 실패하고 말았습니다. 이 일로 개화파가 권력에서 쫓겨나
자 유길준에게 지급되던 유학 비용이 끊겼습니다. 결국 학업을 계속할 수
없었던 유길준은 미국을 떠나 조선으로 귀국해야 했습니다. 하지만 그는
곧장 조선으로 돌아오지 않고 세상을 더 알고자 유럽을 돌아 동남아시아,
일본을 거쳐 1885년 12월에 귀국했습니다.

그는 귀국하자마자 김옥균 등과 친하다는 이유로 곧장 체포되었고 7년
간 한곳에 강제로 머물러야 하는 연금 생활을 했습니다. 이 기간 동안 그
는 정치 활동은 할 수 없었지만 자신의 유학 생활과 세계를 여행한 내용
그리고 서양과 일본의 책 등에서 본 서양에 대한 각종 정보와 그의 생각을

갑신정변 1884년 김옥균, 박영호, 서재필 등이 이끄는 급진개화파가 조선의 자주 독립과 근대화를 위해서 민
씨 일파를 몰아내고 혁신 정부를 세우려고 일으킨 정변. 그러나 민씨를 비롯한 수구파가 청나라 군사와 손을
잡고 반격해 3일 만에 실패로 돌아갔다.

책으로 엮었습니다. 이렇게 1889년에 『서유견문』을 완성했습니다. 하지만 책은 여러 사정으로 1895년에야 출간되었습니다.

　이 책에는 한글과 한문을 섞어서 썼는데 당시에는 대단히 파격적인 방식이었습니다. 이 책의 출간으로 당시의 신문과 잡지가 비로소 한글과 한

문을 함께 쓰는 국한문 혼용체(國漢文 混用體)를 많이 활용하게 되었습니다. 『서유견문』에는 세계 6대주의 구역, 세계 지리 정보, 국민의 교육과 권리, 정부의 종류와 정치 제도, 세금과 군대 제도, 화폐, 경찰, 서양 학문의 특성, 결혼과 장례 풍습, 옷과 음식, 집과 놀이 문화, 박물관과 도서관 등의 시설, 전기와 전화와 기차 같은 신문물 등 서양에 관한 다양한 정보가 담겼고 세계 여러 나라의 대도시와 자유의 여신상, 에펠탑, 런던 국회의사당, 노트르담 성당 등 유명 건축물에 대한 소개가 실려 있습니다.

그는 이 책을 통해 조선의 실정에 맞는 자주적인 개화를 주장했습니다. 유길준은 남의 것을 무조건 따라 하지 말고, 사물의 이치와 근본을 살펴서 나라의 실정에 맞게 고쳐 개화를 해야 한다고 주장했습니다. 그는 영국처럼 우리나라도 입헌군주제(立憲君主制), 즉 임금의 권력이라도 헌법에 의해 제한을 받는 정치 체제를 가져야 한다고 주장했고 화폐 사용, 무역 진흥, 교육 제도의 개편 등 조선이 변화해야 할 방향을 제시했습니다.

연금이 풀린 후 1892년부터 외무(外務)의 주사(主事)라는 관리가 된 그는 1894년 갑오개혁(甲午改革)*이 발표될 때 자신의 개화 이론을 적극 반영시킬 수 있었습니다. 『서유견문』이 갑오개혁의 사상적 배경이 되었던 것입니다. 그는 근대식 학교인 소학교 설치, 1년을 계산할 때에 태음력(太陰曆)이 아닌 태양력(太陽曆) 사용 등을 추진하였고, 최초의 근대적 신문인 「독립신문(獨立新聞)」 창간을 적극 후원하기도 했습니다.

갑오개혁 1894년부터 1896년까지 세 차례에 걸쳐 추진된 개혁 운동이다. 개화당이 정권을 잡은 후 기존의 문물과 제도를 근대식으로 고치는 등 정치, 경제, 사회 전반에 걸쳐 혁신을 단행하였으며 이후 갑오개혁의 의의는 독립 협회와 계몽 운동으로 이어져 조선의 근대화에 큰 공헌을 하였다.

1896년에 내무대신(內務大臣)으로 승진한 그는 당시 개혁을 주도하며 조선 사람의 전통적인 머리인 상투를 자르도록 하는 단발령(斷髮令) 시행에 앞장을 섭니다. 이 일로 그는 많은 이들의 미움을 받기도 했습니다. 그런데 그가 개혁을 주도한 시간은 매우 짧게 끝이 나고 말았습니다.

1896년 일본이 명성황후(明成皇后)를 시해하는 을미사변(乙未事變)이 일어나자, 고종(高宗, 1852~1919)은 궁궐을 떠나 러시아 공사관으로 몸을 피하는 아관파천(俄館播遷)을 단행합니다. 이때 고종은 러시아의 힘을 빌려 일본을 몰아낼 것을 다짐합니다. 그 결과 일본과 친한 김홍집, 유길준 등을 역적으로 규정하고 그들을 체포하여 처형하도록 명령을 내렸습니다. 이때 유길준은 간신히 일본으로 탈출할 수 있었습니다.

유길준은 1905년 일본이 한반도를 지배하기 위해 강제로 을사늑약(乙巳勒約)*을 체결하자 우리 스스로 나라를 지킬 수 있는 능력을 키워야 한다는 생각을 갖게 됩니다. 그는 1907년 고종이 일본인에 의해 강제로 폐위당할 위기에 처하자 이를 막기 위해 일본에서 여러 노력을 기울였습니다. 또 일본이 **정미7조약(丁未七條約)***을 맺어 국방, 사법 등의 중요 권리마저 빼앗자 이의 부당함을 알리는 글을 일본 신문에 싣는 등 여러 활동을 했습니다. 유길준의 활동을 들은 순종(純宗, 1874~1926) 황제가 1907년 그의 죄를 용서함으로써 유길준은 고국으로 귀국할 수 있었습니다.

을사늑약 1905년 러·일 전쟁에서 승리한 일본이 대한제국의 외교권을 빼앗기 위해 강제적으로 체결한 조약이다. 정식 명칭은 '한·일 협상조약'으로 '을사조약(乙巳條約)'이라고도 한다. 이 조약을 근거로 일본은 대한제국의 외교권을 빼앗고 통감부를 설치하여 모든 정책을 좌지우지했다.

정미7조약 1907년 일본이 대한제국을 병합하기 위해 마지막으로 강행한 조약으로 '한일신협약(韓日新協約)'이라고도 한다. 법령제정권, 관리임명권, 행정권 등 7개 조항으로 마련되었으며 대한제국의 모든 행정과 사법 업무를 통감부가 감독한다는 것이 주 내용이다.

귀국한 유길준은 우리가 부강해지면 다시 나라를 찾을 수 있을 것이라고 판단했습니다. 그래서 국민 모두를 선비로 만들겠다는 뜻을 품고 흥사단(興士團)을 조직하고 계산학교(桂山學校), 노동야학회(勞動夜學會) 등을 설립해 국민을 교육하는 일에 적극 나섭니다. 안창호(安昌浩, 1878~1938)가 세운 흥사단은 유길준이 앞서 만든 흥사단에서 따온 것입니다.

1910년 경술국치(庚戌國恥: 경술년에 국권을 빼앗긴 치욕을 일컫는 말)로 일본에게 강제로 나라를 빼앗기자 그는 이를 반대하는 운동을 추진하다가 체포되었습니다. 일본 정부가 그에게 남작(男爵)이란 작위를 주었지만 그는 거절했습니다. 유길준은 1914년 죽으면서 조국을 위해 한 일이 없으니 묘에 비석을 세우지 말라는 유언을 남겼습니다.

1908년 조선에서 제작된 작자 미상의 시사만화. 이 만화에 등장하는 신사가 바로 유길준이다. 유길준(고문)이 백성(로동자)에게 새로운 문물을 배우는 것이 나라를 위하는 일이라고 권하는 내용이다.

세계 여행은 그에게 개화사상의 구체적인 실천 방안을 가르쳐 주었습니다. 하지만 그의 여행은 시기적으로 너무나 늦었습니다. 일본은 1871년 이와쿠라[岩倉] 사절단이라 불리는, 106명으로 구성된 대규모 정보 사절단을 2년간 미국과 유럽으로 보내 근대화 정책의 방향성을 찾았습니다.

그들은 어린 남녀 아이들을 동행하게 하여 미국과 유럽 등에 유학을 보냈습니다. 훗날 이들 유학생들은 일본의 발전에 큰 역할을 하게 됩니다.

그에 비한다면 홀로 유학을 떠난 유길준이 안타깝기도 합니다. 일본에서 1년, 미국에서 1년이란 유학 생활은 너무도 짧았습니다. 또한 그가 배운 지식과 경험을 실천하기에는 당시 조선의 상황이 너무 나빴습니다. 하지만 반대로 생각해 본다면 스스로 외국에서 공부할 생각을 가졌던 유길준이 없었다면 조선 사람들은 서양에 대한 정보를 더욱 뒤늦게 알았을 것입니다.

개화파의 스승, 역관 오경석

19세기 말 유길준, 김옥균, 박영효, 서광범 등 개화파는 갑자기 등장한 것이 아니었습니다. 이들 개화파의 스승으로 박규수(朴珪壽, 1807~1877), 오경석(吳慶錫, 1831~1879), 유홍기(劉鴻基, 1831~?), 3인이 있습니다. 1866년 미국 상선 제너럴셔먼호가 대동강을 거슬러 올라가 평양에 나타나 소란을 피우자, 평양 사람들이 그 배를 불태운 사건이 일어났습니다. 이때 평양 감사를 지낸 이가 박지원의 손자인 박규수였습니다. 박규수는 미국 상선을 보고 조선이 변화해야 함을 깨달은 인물입니다. 1876년 강화도 조약을 맺도록 개화를 주장한 것도 당시 좌의정이었던 박규수였습니다. 박규수와 함께 개화를 주장한 이는 역관 출신 오경석(吳慶錫, 1831~1879)입니다.

그는 8대에 걸쳐 역관을 하던 집안에서 태어났습니다. 조선 시대의 역관은 비록 신분이 중인으로 양반보다 낮지만 매우 부유한 사람들이었습니다. 오경석은 어려서 북학파 박제가의 학문을 공부한 바 있습니다. 그는 1853년 23세 때 북경으로 가는 사신단에 역관으로 참여하였습니다.

당시 청나라는 아편전쟁에서 영국에게 패한 이후 서양의 여러 나라들에게 수탈을 당하고 있었습니다. 그는 청나라의 모습을 보고 머지않아 조선도 같은 운명이 될 것이라고 생각했습니다. 그는 당시 '신서(神書)'라고 불렸던 『해국도지(海國圖志)』, 『영환지략(瀛環志略)』 등 서양의 사상이 담긴 서적을 사들였습니다. 또한 열세 차례나 청나라를 오가면서 세계 지도를 비롯하여 자명종, 망원경 등 서양의 각종 물건들을 조선으로 들여왔습니다.

그는 친구인 유홍기에게 신서를 읽게 하는 한편 개화파 인물들에게 세계에 대한 정보와 기술, 사상을 가르쳤습니다. 오경석이 조선 사람들 누구보다 세계의 변화를 빨리 알 수 있었던 것은 그가 잦은 외국 여행을 했기에 가능했던 것입니다. 만약 그가 조선에서만 살았다면 세상의 변화를 아는 데

보다 많은 시간이 걸렸을 것입니다.

유홍기는 오경석의 친구로 역시 역관의 가문에서 태어났지만 의원으로 살았습니다. 그는 어려서부터 다양한 학문을 공부했고, 오경석이 가져온 신서를 읽으며 나랏일에 대해 토론하고 개화사상을 만들어 갔습니다. 1877년 박규수가 죽고 2년 후 오경석마저 죽은 후 유홍기는 홀로 개화파 인물들을 지도하게 되었습니다. 개화파 인물들이 근대화 정책을 추진하는 과정에서 유홍기가 중요한 역할을 담당해 '백의정승(白衣政丞)', 즉 벼슬은 없지만 나라에 큰 영향력을 끼친 사람이라고 불렸습니다. 그런데 1884년 개화파가 일으킨 갑신정변이 3일 만에 실패하면서 그도 역사 속으로 사라져 버렸습니다.

기원전

27년(?)	신라 왕자 천일창이 일본 열도에 도착하다.

기원후

158년경	연오랑이 일본으로 건너가 왕이 되다.
4세기 말	왕인이 왜국에 건너가 학문을 전하고 일본 학문의 시조가 되다.
407년	고운이 대연(북연)의 왕위에 오르다.
499년	고조가 북위에서 평원군공 벼슬을 받아 권력의 자리에 오르다.
512년	승랑 스님이 양나라 무제의 초청을 받아 양나라를 방문해 삼론종을 가르치다. 고조, 사도공 벼슬에 오르며 북위 최고 권력자가 되다.
526년	백제의 겸익 스님이 인도에서 경전을 구해 귀국하다.
586년	유중광이 왜국에 건너가 오사카 최대 사찰인 시텐노오지를 짓다.
727년	혜초 스님, 4년간의 인도 여행을 마치고 당나라로 돌아오다.
747년	고선지가 지휘한 당나라 군대가 파미르 고원을 넘어 서역 원정에 성공하다.
751년	고선지가 이끈 당나라 군대가 탈라스 전투에서 사라센 군에게 패하다.
752년	신라의 귀족 상인 김태렴이 일본을 방문해 대규모 무역 거래를 성사시키다.
765년	이정기가 당나라에서 평로치청절도사가 되다.

819년	이정기, 이납, 이사고, 이사도, 4대 55년간 이어졌던 치청 왕국이 멸망하다.
828년경	당나라에서 귀국한 장보고가 청해진을 설치하고 해적을 소탕하다.
881년	최치원이 '토황소격문'이란 글을 지어 반란군의 우두머리 황소를 놀라게 하다.
1085년	대각국사 의천이 송나라로 유학을 가다.
1239년	기씨가 몽골 제국의 황후가 되다.
1488년	최부가 탄 배가 13일 동안 표류하다가 명나라에 도착한다. 강남 땅을 돌아보고 귀국한 최부는 『표해록』을 집필한다.
1584년	역관 홍순언, 명나라 여인과 석성의 도움을 받아 종계변무 문제를 해결하다.
1604년	조완벽이 안남국에서 이수광의 시가 유행하는 것을 확인하다.
1687년	김태황 일행이 탄 배가 31일 동안 표류하여 안남국에 도착하다. 이들은 다음 해 조선으로 돌아온다.
1770년	장한철이 유구국으로 표류해 간 뒤, 안남국 상선의 도움을 받았다가 다시 표류하다.
1780년	박지원이 사신단의 일원으로서 청나라를 방문하고 돌아와 『열하일기』를 쓰다.
1801년	홍어 장수 문순득이 표류하다가 9일 만에 유구국에 도착하다.
1805년	문순득이 여송, 마카오, 중국을 거쳐 고향 우이도로 돌아오다. 이후 정약전을 만나다.
1881년	유길준, 신사유람단의 일원으로 일본에 도착하다.
1885년	미국 유학 생활을 중단한 유길준이 세계 일주를 한 뒤 귀국하다.

다문화 한국사 2 – 세계를 누빈 우리 조상들

펴낸날	초판 1쇄 2015년 1월 30일
	초판 2쇄 2016년 5월 24일

지은이	김용만
펴낸이	심만수
펴낸곳	(주)살림출판사
출판등록	1989년 11월 1일 제9–210호

주소	경기도 파주시 광인사길 30
전화	031–955–1350 팩스 031–624–1356
홈페이지	http://www.sallimbooks.com
이메일	book@sallimbooks.com

ISBN   978–89–522–3040–9   44900
       978–89–522–3065–2(세트)   44900

살림Friends는 (주)살림출판사의 청소년 브랜드입니다.

이 도서의 국립중앙도서관 출판시도서목록(CIP)은 서지정보유통지원시스템 홈페이지
(http://seoji.nl.go.kr)와 국가자료공동목록시스템(http://www.nl.go.kr/kolisnet)에서
이용하실 수 있습니다.(CIP제어번호: CIP2015000910)

책임편집·교정교열 **최진우**